Easy Steps to CHINESE

2 TEXTBOOK

轻松学中文

SIMPLIFIED CHARACTERS VERSION

Yamin Ma
Xinying Li

北京语言大学出版社
BEIJING LANGUAGE AND CULTURE
UNIVERSITY PRESS

图书在版编目（CIP）数据

轻松学中文.课本.第2册：马亚敏，李欣颖编著
– 北京：北京语言大学出版社，2013 重印
ISBN 978-7-5619-1810-4

Ⅰ.轻... Ⅱ.①马...②李... Ⅲ.汉语－对外汉语教学
– 教材 Ⅳ.H195.4

中国版本图书馆 CIP 数据核字(2007)第 030871 号

书　　名　**轻松学中文.课本.第2册**
责任编辑　苗　强　王亚莉　唐琪佳
美术策划　王　宇
封面设计　王　宇　王章定
版式设计　王章定
责任印制　汪学发

出版发行　北京语言大学出版社
社　　址　北京市海淀区学院路 15 号　邮政编码：100083
网　　址　www.blcup.com

电　　话　编辑部 010-8230 3647/3592
　　　　　发行部 010-8230 3650/3591/3651/3080
　　　　　读者服务部 010-8230 3653/3908
印　　刷　北京联兴盛业印刷股份有限公司
经　　销　全国新华书店

版　　次　2007 年 3 月第 1 版　2013 年 5 月第 9 次印刷
开　　本　210mm × 275mm　1/16　印张：10.75
字　　数　134 千字
书　　号　ISBN 978-7-5619-1810-4/H.07028
　　　　　11800

©2007　北京语言大学出版社

Easy Steps to Chinese (Textbook 2)
Yamin Ma, Xinying Li

Editor　　　　　Qiang Miao, Yali Wang, Qijia Tang
Art design　　　Arthur Y. Wang
Cover design　　Arthur Y. Wang, Zhangding Wang
Graphic design　Zhangding Wang

Published by
Beijing Language & Culture University Press
No.15 Xueyuan Road, Haidian District, Beijing, China 100083

Distributed by
Beijing Language & Culture University Press
No.15 Xueyuan Road, Haidian District, Beijing, China 100083

First published in March 2007

Printed in China
Copyright © 2007 Beijing Language & Culture University Press

Website: www.blcup.com

ACKNOWLEDGEMENTS

A number of people have helped us to put the books into publication. Particular thanks are owed to the following:

- 戚德祥先生、张健女士 who trusted our expertise in the field of Chinese language teaching and learning

- Editors 张健女士、苗强先生、王亚莉女士 for their meticulous work

- Graphic designers 娄禹先生、王章定先生 for their artistic design

- Art consultant Arthur Y. Wang and artists 陆颖、顾海燕、龚华伟、王净 for their artistic ability in the illustrations

- Edward Qiu who assisted the authors with the sound recording

- And finally, members of our families who have always given us generous support.

INTRODUCTION

- The primary goal of this series *Easy Steps to Chinese* is to help the students establish a solid foundation of vocabulary, knowledge of Chinese and communication skills through the natural and gradual integration of language, content and cultural elements. This series adopts a holistic approach, and is designed to emphasize the development of communication skills in listening, speaking, reading and writing.

- *Easy Steps to Chinese* comprises 8 colour textbooks, each of them supplemented by a CD, a workbook, a teacher's book with a CD and unit tests. Books 1-3 are also accompanied by word cards, picture flashcards and posters.

COURSE DESIGN

The design of this series has achieved:

- **A balance between authentic and modified language**
  All the oral and written materials have been modified and carefully selected to suit the students' level, so that a gradual development of the target language can be achieved.

- **A balance of focus on language and culture**
  This series provides ample opportunities for the students to experience the language and its culture in order to develop intercultural awareness and enrich their personal experience.

- **A balance between language knowledge and communication skills**
  Explicit knowledge of the target language is necessary and important for the students to achieve accuracy, fluency and overall communication skills. This series is designed to ensure that knowledge-based language learning is placed within a communicative context, resulting in the improvement of both linguistic knowledge and performance.

- **A balance between a broad and controlled course**
  This series serves as a core while offering a broad range of vocabulary, topics and various text types to meet the different needs of the students.

简介

- 《轻松学中文》 共八册，分为三个阶段。第一阶段为第一、二册；第二阶段为第三、四、五、六册；第三阶段为第七、八册。此套教材旨在帮助汉语为非母语的中、小学生奠定扎实的汉语学习基础。此目标是通过语言、话题和文化的自然结合，从词汇、汉语知识的学习及语言交流技能的培养两个方面来达到的。此套教材把汉语作为一个整体来教授，在教学过程中十分注重听、说、读、写四项交际技能的培养。

- 《轻松学中文》每册包括一本彩色课本（附一张CD），一本练习册，一本教师用书(附单元测验试卷及一张 CD)，1-3册还配有词语卡片、图卡和教学挂图。

课程设计

本套教材的课程设计力图达到：

- 地道语言与调整语言的平衡
  为了使学生的汉语程度能循序渐进地提高，本套教材中的口语及书面语都经过严谨的选择，并作过适当的调整。

- 语言与文化的平衡
  为了培养学生的多元文化意识，丰富他们的经历，本套教材为学生接触汉语及中国文化提供了各种各样的机会。

- 语言知识与交际能力的平衡
  为了能在听、说、读、写四项技能方面准确并流利地运用汉语，学生对语言知识的掌握不仅是重要的，而且也是必要的。本套教材把语言知识的学习与语言技能的培养巧妙地结合在一起，力求使学生在增加汉语知识的同时提高运用语言的能力。

- 扩展与控制的平衡
  本套教材不仅可以作为汉语教学的"主线"，而且所提供的大量词汇、话题及各式

- **A balance between the "oral speech" and the "written form"**
This series aims to balance the importance of both oral and written communication skills. The development of writing skills is embedded in the course, while oral communication skills are being developed from the outset.

This series covers:

- <u>Pinyin</u> is introduced to the students from the very beginning. The pinyin above the Chinese characters is gradually removed to ensure a smooth transition.

- <u>Chinese characters</u> are taught according to the character formation system. Once the students have a good grasp of radicals and simple characters, they will be able to analyze most of the compound characters they encounter, and to memorize new characters in a logical way.

- <u>Grammar and sentence structures</u> are explained in note form. The students are expected to use correct grammar and compound sentence structures in both oral and written forms to communicate when their overall level of Chinese has steadily improved over the years.

- <u>Dictionary</u> skills are taught once they have learned radicals and simple characters. The students are encouraged to use dictionaries whenever appropriate in order to become independent learners.

- <u>Typing</u> skills are taught when the students have learned some basic knowledge of Chinese.

- <u>Listening</u> practice is designed to help the students develop their ability to infer meanings of unfamiliar words and content.

- <u>Speaking</u> practice involves students using Chinese to communicate their thoughts·spontaneously in real-life situations with accuracy and fluency.

- <u>Reading</u> skills are developed through regular reading of simple passages to suit the students' level. Gradually, they will develop skills and confidence when reading articles in newspapers, magazines or on the internet in order to expand their vocabulary and knowledge of modern China, and to get in touch with the current issues emerging within China and around the world.

- <u>Writing</u> skills are gradually developed through a process of guided writing on topics familiar to the students. Written tasks will become easier, as the students learn to organize their thoughts coherently and logically, and develop the skills to select appropriate vocabulary, sentence structures and genres to construct an effective written piece with accuracy and fluency.

各样的文体还可满足不同水平学生的需要。

- "语"与"文"的平衡
本套教材力图使学生在口语及书面语两个方面同时提高。写作能力及口头交际能力的培养贯穿始终。

本套教材所包括的内容有：

- <u>拼音</u>是初级阶段教学重点之一。附在汉字上面的拼音将逐渐取消以确保平稳过渡。

- <u>汉字</u>是根据汉字的结构来教授的。学生一旦掌握了一定数量的偏旁部首和简单汉字，他们就有能力分析遇到的大部分合体字，并能有条理地记忆新汉字。

- <u>语法及句型</u>是以注解的方式来解释的。经过几年有条不紊的学习，学生可望在口头及书面交流时运用正确的语法及复合句型。

- <u>查字典</u>的技能是在学生学会了部分偏旁部首及简单汉字后才开始培养的。为了培养学生的独立学习能力，教师要经常鼓励学生自己查字典来完成某项功课。

- <u>打字</u>技能的培养是在学生已经掌握了一些汉语基本知识后才开始的。

- <u>听力</u>练习力图培养学生猜生字的意思及文章内容的能力。

- <u>口语</u>练习设计旨在培养学生用准确、流利的汉语在现实生活中跟人即兴沟通、交流。

- <u>阅读</u>练习旨在鼓励学生养成每天阅读简短篇章的习惯，从而帮助学生提高阅读能力，树立阅读信心。高年级阶段，学生可望读懂报纸、杂志及因特网上的简短文章，以便扩大词汇量，增加对现代中国的了解。

- <u>写作</u>能力的培养需要一个长期的过程。学生先在教师的指导下写他们所熟悉的话题，直到能够运用适当的词汇、语句、体裁，有条理地、准确地、恰当地、有效地交流思想。

The focus of each stage:

- Stage 1 (Books 1 and 2): ◆ pinyin ◆ strokes and stroke order ◆ the structures of Chinese characters ◆ tracing of characters ◆ radicals and simple characters ◆ dictionary skills ◆ typing skills ◆ listening skills ◆ speaking skills ◆ reading skills ◆ writing skills: guided written assignments around 100 characters

- Stage 2 (Books 3, 4, 5 and 6): ◆ radicals and simple characters ◆ formation of phrases ◆ expansion of vocabulary ◆ simple grammar and sentence structures ◆ dictionary skills ◆ typing skills ◆ classroon instruction in Chinese ◆ listening skills ◆ speaking skills ◆ reading skills ◆ writing skills: guided written assignments between 100-300 characters ◆ exposure to modern China and Chinese culture

- Stage 3 (Books 7 and 8): ◆ classroom instruction in Chinese ◆ expansion of vocabulary ◆ grammar and sentence structures ◆ dictionary skills ◆ typing skills ◆ listening and speaking skills through spontaneous interaction ◆ reading practice on a daily basis ◆ writing skills: independent written assignments between 300-500 characters ◆ exposure to modern China and its culture ◆ contemporary topics: current issues around the world

每个阶段的教学重点：

- 第一阶段（第一、二册）：◆ 拼音 ◆ 笔画和笔顺 ◆字形结构 ◆描红 ◆偏旁部首和简单汉字 ◆查字典 ◆打字 ◆听力 ◆口语 ◆阅读 ◆写作（100个字左右）

- 第二阶段（第三、四、五、六册）：◆ 偏旁部首和简单汉字 ◆ 词语构成 ◆词汇扩展 ◆语法及句型结构 ◆ 查字典 ◆ 打字 ◆ 课堂用语 ◆听力 ◆口语 ◆阅读 ◆写作(100–300字) ◆接触现代中国和中国文化

- 第三阶段（第七、八册）：◆课堂用语 ◆词汇扩展 ◆语法及句型结构 ◆查字典 ◆打字 ◆听力 ◆口语 ◆阅读 ◆独立写作(300–500字) ◆时事

COURSE LENGTH

- This series is designed for non-Chinese background students at both primary and secondary levels. Book 1 starts with basic knowledge of Chinese. Students at primary 5 or 6, or Year 7 students at secondary level can start with Book 1.

- With three periods, of approximately three hours per week, most students will be able to complete one book within one academic year. As the 8 books of this series are continuous and ongoing, each book can be taught within any time span.

课程进度

- 本套教材为非华裔中、小学生编写。因为第一册从最基本的汉语知识教起，所以学生不需要有任何汉语知识背景。学生可以从小学五、六年级开始使用第一册，也可以从中学一年级开始使用第一册。

- 如果每星期上三节课，每节课在一小时左右，大部分学生可在一年之内学完一册。如果有些学生学得比较快，他们可以加快进度，不到一年就学完一册书。由于本套教材是连贯的，老师可以在任何时段内根据学生的水平来决定教学进度。

HOW TO USE THIS BOOK

Here are a few suggestions as how to use this book:

The teacher should:

- Go over with the students the phonetics exercises in the textbook. At a later stage, the students should be encouraged to pronounce new pinyin on their own.

- Emphasizes the importance of learning the basic strokes and the stroke order of characters.

- Guide the students to analyze new characters and encourage them to use their imagination to aid memorization.

- Expect the students to memorize all the radicals and simple characters they have learned. The students should be encouraged to memorize as many characters as possible in each lesson.

- Create opportunities for the students to practise their dictionary and typing skills.

- Provide every opportunity for the students to develop their listening and speaking skills during class time. A variety of speaking exercises included in the textbook can be modified according to the students' ability.

- Skip, modify or extend some exercises according to the students' levels. A wide variety of exercises in both textbook and workbook can be used for class work or homework.

The texts for each lesson, the audio and phonetic exercises are on the CD attached to the textbook. The symbol indicates the track number, for example, ◐▱ is track one.

Yamin Ma
July 2006, Hong Kong

怎样使用本册教材

以下是使用本册教材的一些教学建议，仅供教师参考。建议教师：

- 领着学生做课本里的语音练习，通过一段时间的练习，教师应尽量鼓励学生独立地发那些没有教过的拼音。

- 注重教汉字的基本笔画和笔顺。

- 带领学生分析生字，并鼓励学生用想象力帮助记汉字。

- 要求学生记住学过的所有偏旁部首和简单汉字。教师也应该鼓励学生尽量多记合体字。

- 为学生创造各种实践机会，提高他们打字及查字典的技能。

- 在课堂上尽量创造机会培养并提高学生的听、说能力。课本里不同类型的口语练习，可以根据学生的汉语水平作适当改动。

- 根据学生的能力及水平挑选、修改或扩展某些练习。课本及练习册里的练习可以在课堂上做，也可以让学生带回家做。

每一课的课文、听力及语音练习的录音都附在 CD 里。课本录音部分均附有标记和轨迹编号，例如，◐▱ 表示轨迹 1。

马亚敏
2006 年 7 月于香港

CONTENTS 目录

但我听不懂
dàn　　tīng bù dǒng
but I　don't understand

po tong hua　universal language/dialect

Text 1

nǐ zài nǎr chū shēng
你在哪儿出生？ *when?*

měi guó
美国。

nǐ qù guo shén me guó jiā
你去过什么国家？

wǒ qù guo yīng guó hé fǎ guó
我去过英国和法国。

nǐ qù guo rì běn ma
你去过日本吗？

méi qù guo *negative*
没去过。

nǐ huì shuō shén me yǔ yán
你会说什么语言？

wǒ huì shuō hàn yǔ yīng yǔ
我会说汉语、英语

hé yì diǎnr rì yǔ
和一点儿日语。

1

NEW WORDS

1. guò 过(過) pass; particle
   qù guo 去过 have been to
2. guó jiā 国家 country
3. yīng guó 英国 Britain
4. fǎ guó 法国 France
5. rì běn 日本 Japan

6. huì 会(會) can; may
7. shuō 说(説) speak; talk; say
8. yǔ 语(語) language
   yīng yǔ 英语 English (language)
   rì yǔ 日语 Japanese (language)
9. yán 言 speech

yǔ yán 语言 language
10. hàn 汉(漢) Han nationality
    hàn yǔ 汉语 Chinese (language)
11. yì diǎnr 一点儿 a little bit

语 huà dialect.

---

1 Say the country names in Chinese.

1.
2.
3.

4.
5.
6.

7.
8.
9.

10.
11.
12.

Extra Words

a) dé guó 德国
b) hán guó 韩国
c) tài guó 泰国
d) jiā ná dà 加拿大
e) ào dà lì yà 澳大利亚
f) xī bān yá 西班牙
g) xīn jiā pō 新加坡

Say one sentence about each country

zhōng guó rén shuō hàn yǔ
中国人说汉语。

2 Ask your classmates the following questions.

nǐ qù guo zhōng guó ma
1. 你去过中国吗? <u>去过。/没去过。</u>

nǐ qù guo yīng guó ma
2. 你去过英国吗? _____

nǐ qù guo měi guó ma
3. 你去过美国吗? _____

nǐ qù guo fǎ guó ma
4. 你去过法国吗? _____

nǐ qù guo rì běn ma
5. 你去过日本吗? _____

> **NOTE**
>
> 过, a particle indicating past experience, e.g.
>
> A: 你去过中国吗?
>
> B: 我(没)去过。

 3 Listen and tick the right pinyin.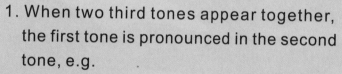

1	a) fǔdǎo b) fùdào
2	a) wùdǎo b) wǔdǎo
3	a) chúcǎo b) chūcāo
4	a) shǒuzhǐ b) shōuzhī
5	a) fěndǐ b) féndì
6	a) shòugāo b) shǒugǎo

> **NOTE**
>
> 1. When two third tones appear together, the first tone is pronounced in the second tone, e.g.
>
> nǐ hǎo → ní hǎo
>
> 2. The tone of yī 一 changes to fourth tone when followed by a first, second or third tone, e.g.
>
> yī jiān → yì jiān
> yī nián → yì nián
> yī qǐ → yì qǐ
>
> The tone of yī 一 changes to second tone when followed by a fourth tone, e.g.
>
> yī chuàn → yí chuàn
>
> 3. The tone of bù 不 changes to second tone when followed by a fourth tone, e.g.
>
> bù cuò → bú cuò

4 Make a dialogue with your partner.

《 Sample questions:

1 nǐ jiào shén me míng zi nǐ jīn nián duō dà le shàng jǐ nián jí
你叫什么名字？你今年多大了？上几年级？

2 nǐ zài nǎr chū shēng nǐ shì nǎ guó rén
你在哪儿出生？你是哪国人？

3 nǐ jiā yǒu jǐ kǒu rén yǒu shuí
你家有几口人？有谁？

4 nǐ bà ba gōng zuò ma nǐ mā ma ne
你爸爸工作吗？你妈妈呢？

5 nǐ bà ba zuò shén me gōng zuò tā měi tiān zěn me shàng bān
你爸爸做什么工作？他每天怎么上班？

6 nǐ zǎo shang jǐ diǎn qǐ chuáng jǐ diǎn qù shàng xué nǐ zěn me shàng xué
你早上几点起床？几点去上学？你怎么上学？

7 nǐ huì shuō shén me yǔ yán
你会说什么语言？

8 nǐ qù guo shén me guó jiā nǐ xǐ huan shén me guó jiā
你去过什么国家？你喜欢什么国家？

5 Listen and tick the right answers.

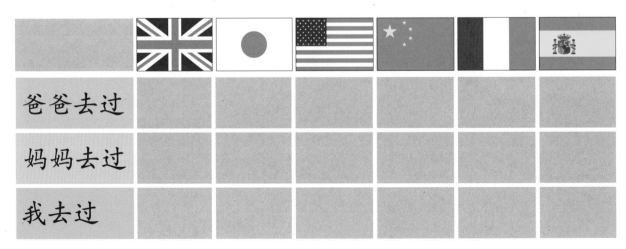

爸爸去过						
妈妈去过						
我去过						

4

6 Read aloud.

1 zǒngtǒng _____

2 shuǐzhǒng _____

3 jiǔyuǎn _____

4 hǎoyǒu _____

5 nǚzǐ _____

6 suǒyǐ _____

7 Make dialogues with your classmates.

nǐ huì shuō yīng yǔ ma
A：你会说英语吗？

wǒ huì shuō yì diǎnr
B：我会说一点儿。

nǐ huì shuō rì yǔ ma
A：你会说日语吗？

bú huì shuō
B：不会说。

1.

2.

3.

8 Learn the simple characters.

cùn	mǐ	zú	mù
寸 a unit of length (1/30 metre)	米 rice	足 foot	木 wood ; tree

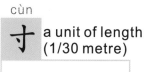 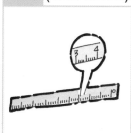

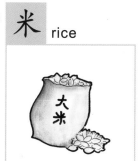 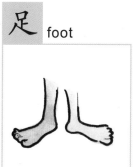 

5

wǒ jiào gāo wén yīng　　wǒ yí bàn shì xī bān yá rén　　yí bàn

我 叫 高 文 英。我 一 半 是 西 班 牙 人，一 半

shì zhōng guó rén　　wǒ bà ba shì xī bān yá rén　　wǒ mā ma shì zhōng

是 中 国 人。我 爸 爸 是 西 班 牙 人，我 妈 妈 是 中

guó rén　　wǒ zài yīng wén xué xiào

国 人。我 在 英 文 学 校

shàng xué　　wǒ huì shuō yīng

上 学。我 会 说 英

yǔ　　xī bān yá yǔ hé

语、西 班 牙 语 和

hàn yǔ　　wǒ zài jiā li gēn

汉 语。我 在 家 里 跟

mā ma shuō guǎng dōng huà　　zài xué

妈 妈 说 广 东 话。在 学

xiào　　wǒ yǒu hěn duō péng you

校，我 有 很 多 朋 友。

NEW WORDS

1. xī bān yá
   西班牙 Spain
   xī bān yá rén
   西班牙人 Spanish (people)
   xī bān yá yǔ
   西班牙语 Spanish (language)
2. yīng wén
   英文 English (language)
3. xué xiào
   学校 school
4. lǐ
   里(裏) inside

   jiā li
   家里 at home
5. gēn
   跟 with
6. guǎng dōng
   广东(廣東)
   Guangdong (a province in China)
   guǎng dōng huà
   广东话 Cantonese
7. hěn
   很 very; quite

   hěn duō
   很多 many
8. péng
   朋 friend
9. yǒu
   友 friend
   péng you
   朋友 friend

6

yīng → →
hero.

9 Match the question with the answer.

___[1] 你去过北京吗？   a) 会说一点儿。

___[2] 你会说日语吗？   b) 我在北京一中上学。

___[3] 你会说广东话吗？   c) 没去过。

___[4] 你在哪个学校上学？   d) 我学英语和汉语。

___[5] 你在学校学什么语言？ e) 不会说。

___[6] 你在家里说什么语言？ f) 我跟爸爸、妈妈说汉语。

It is your turn!

Make a dialogue with your partner.
Ask the above questions.

10 Listen and tick the right answers.

1	2	3
a) 中国人	a) 英国	a) 日本
b) 日本人	b) 中国	b) 英国
c) 英国人	c) 法国	c) 美国

4	5	6
a) 没去过上海	a) 说日语	a) 不学英语
b) 去过香港	b) 学日语	b) 不学法语
c) 住在北京	c) 去日本	c) 不学日语

Example

nǐ jiào shén me míng zi
你叫什么名字？

wǒ jiào máo jiā shēng
我叫毛家生。

nǐ shàng jǐ nián jí
你上几年级？

qī nián jí
七年级。

nǐ shì nǎ guó rén
你是哪国人？

měi guó rén
美国人。

nǐ zài nǎ ge xué xiào shàng xué
你在哪个学校上学？

dà míng zhōng xué
大明中学。

nǐ zài xué xiào xué shén me yǔ yán
你在学校学什么语言？

yīng yǔ hé hàn yǔ
英语和汉语。

nǐ huì shuō shén me yǔ yán
你会说什么语言？

yīng yǔ fǎ yǔ hé hàn yǔ
英语、法语和汉语。

zài jiā li nǐ gēn bà ba shuō shén me yǔ yán
在家里，你跟爸爸说什么语言？

fǎ yǔ
法语。

gēn mā ma ne
跟妈妈呢？

hàn yǔ
汉语。

荷兰
葡萄牙
瑞士
意大利
罗马尼亚
巴西
阿根廷
菲律宾
越南
马来西亚

Guess the following countries.

1. <ruby>巴西<rt>bā xǐ</rt></ruby> 2. <ruby>荷兰<rt>hé lán</rt></ruby> 3. <ruby>阿根廷<rt>ā gēn tíng</rt></ruby> 4. <ruby>意大利<rt>yì dà lì</rt></ruby> 5. <ruby>马来西亚<rt>mǎ lái xī yà</rt></ruby>

6. <ruby>瑞士<rt>ruì shì</rt></ruby> 7. <ruby>越南<rt>yuè nán</rt></ruby> 8. <ruby>菲律宾<rt>fēi lǜ bīn</rt></ruby> 9. <ruby>葡萄牙<rt>pú táo yá</rt></ruby> 10. <ruby>罗马尼亚<rt>luó mǎ ní yà</rt></ruby>

•**13** Speaking practice.

Example

<ruby>我在学校说英语<rt>wǒ zài xué xiào shuō yīng yǔ</rt></ruby>。
<ruby>在家里<rt>zài jiā li</rt></ruby>，<ruby>我跟爸爸<rt>wǒ gēn bà ba</rt></ruby>、
<ruby>妈妈说汉语<rt>mǎ ma shuō hàn yǔ</rt></ruby>。

在学校	在家里
1. 英语	汉语
2. 英语	广东话
3. 法语	英语
4. 英语	日语
5. 英语	西班牙语

9

Lesson 2　Subjects of Study　科目

 Text 1

wǒ jiào wáng péng　jīn nián shí wǔ suì　shàng
我叫王朋，今年十五岁，上

shí yī nián jí　　wǒ yǒu hěn duō péng you
十一年级。我有很多朋友。

tā men yǒu de shì yīng guó rén　　yǒu de shì
他们有的是英国人，有的是

měi guó rén　　hái yǒu de shì rì běn rén
美国人，还有的是日本人。

zài xué xiào　　wǒ xǐ huan shàng shù xué kè　　tǐ yù kè
在学校，我喜欢上数学课、体育课

hé měi shù kè　　wǒ bù xǐ huan
和美术课，我不喜欢

shàng yīn yuè kè hé diàn nǎo kè
上音乐课和电脑课。

New Words

1. yǒu de 有的 some

2. hái 还(還) also

3. shù 数(數) number
   shù xué 数学 maths

4. tǐ 体(體) body

5. yù 育 educate
   tǐ yù 体育 physical training; PE

6. měi 美 beautiful

7. shù 术(術) art; skill
   měi shù 美术 art

8. yīn 音 sound; tone

9. yuè 乐(樂) music
   yīn yuè 音乐 music

10. nǎo 脑(腦) brain
    diàn nǎo 电脑 computer

Match the picture with the Chinese.

①

②

③

④

a)
　　　　lù shang yǒu hěn duō chū zū chē
路上有很多出租车，
　　yǒu de shì lán sè de　　yǒu de
有的是蓝色的，有的
　　shì hóng sè de
是红色的。

b)
　　mèi mei zài xué xiào yǒu hěn duō péng
妹妹在学校有很多朋
you　　yǒu de shì zhōng guó rén
友，有的是中国人，
　　yǒu de shì rì běn rén
有的是日本人。

c)
　　gē ge yǒu hěn duō niú zǎi kù
哥哥有很多牛仔裤，
　　yǒu de shì hēi sè de　　yǒu de
有的是黑色的，有的
　　shì lán sè de
是蓝色的。

d)
　　jiě jie yǒu hěn duō péng you　　yǒu
姐姐有很多朋友，有
de shì nán de　　yǒu de shì nǚ
的是男的，有的是女
de
的。

11

2 Say the following in Chinese.

Extra Words

a) 历史 lì shǐ

b) 地理 dì lǐ

c) 戏剧 xì jù

d) 化学 huà xué

3 Listen and tick the right pinyin.

Practice Focus

neutral tone

1. a) yǎnjìng
   b) yǎnjing

2. a) xiězì
   b) xiézi

3. a) jūnzǐ
   b) qúnzi

4. a) lǎoshī
   b) lǎoshi

5. a) hétào
   b) hétao

6. a) jiǎzhuāng
   b) jiàzhuang

12

4 Complete the sentences.

1. lù shang yǒu hěn duō chē, yǒu de shì chū zū chē, yǒu de shì gōng gòng qì chē,
路上有很多车，有的是出租车，有的是公共汽车，
yǒu de shì ⬜⬜⬜⬜⬜⬜, hái yǒu de shì ⬜⬜⬜⬜⬜⬜。
有的是 ⬜⬜⬜，还有的是 ⬜⬜⬜。

2. jiě jie yǒu hěn duō zhōng guó péng you, yǒu de shì nán jīng rén, yǒu de shì xiāng
姐姐有很多中国朋友，有的是南京人，有的是香
gǎng rén, yǒu de shì ⬜⬜⬜⬜, hái yǒu de shì ⬜⬜⬜⬜。
港人，有的是 ⬜⬜⬜，还有的是 ⬜⬜⬜。

3. mā ma yǒu hěn duō péng you, yǒu de shì lǜ shī, ⬜⬜⬜⬜⬜⬜⬜
妈妈有很多朋友，有的是律师，⬜⬜⬜⬜
⬜⬜⬜⬜⬜⬜⬜⬜⬜⬜⬜⬜⬜⬜⬜。

4. bà ba yǒu hěn duō chèn shān, yǒu de shì lán sè de, yǒu de shì ⬜⬜⬜⬜
爸爸有很多衬衫，有的是蓝色的，有的是 ⬜⬜⬜
⬜⬜⬜⬜⬜⬜⬜⬜⬜⬜⬜⬜⬜⬜⬜⬜。

5 Write a sentence with each group of words/phrases given.

1. yīng guó   měi guó   rì běn →
   英国   美国   日本 → 我去过英国和美国，还去过日本。

2. yīng yǔ   hàn yǔ   fǎ yǔ →
   英语   汉语   法语 → 我会说英语和汉语，还会说法语。

3. shù xué   tǐ yù   měi shù →
   数学   体育   美术 → _____

4. máo yī   wài tào   cháng kù →
   毛衣   外套   长裤 → _____

5. hóng sè   lán sè   zōng sè →
   红色   蓝色   棕色 → _____

6. yí ge gē ge   yí ge jiě jie   yí ge mèi mei →
   一个哥哥   一个姐姐   一个妹妹 → _____
   _____

6 Listen and choose the right answers.

1. 高文英
会说___。
   a) 英语和汉语
   b) 日语和西班牙语
   c) 英语和日语

2. 黄红没
有___。
   a) 英国朋友
   b) 美国朋友
   c) 西班牙朋友

3. 王蓝喜
欢上___。
   a) 数学和电脑课
   b) 体育和音乐课
   c) 英语和电脑课

4. 小白没
去过__。
   a) 英国和法国
   b) 美国和中国
   c) 中国和日本

5. 王美的
_____。
   a) 哥哥也工作
   b) 爸爸是商人
   c) 妈妈开车上班

6. 大年
___。
   a) 在家说英语
   b) 在学校学法语
   c) 在学校有中国朋友

7 Learn the simple characters.

dòu	lì	qīng	lì
斗 fight	力 strength	青 blue; green	立 stand

nǐ jīn nián xué jǐ mén kè
你今年学几门课？

shí mén kè
十门课。

nǎ shí mén kè
哪十门课？

yīng yǔ　　 hàn yǔ　　 shù xué
英语、汉语、数学、
měi shù　　 kē xué　　 yīn yuè
美术、科学、音乐、
diàn nǎo　　 lì shǐ　　 dì lǐ
电脑、历史、地理
hé xì jù
和戏剧。

nǐ xǐ huan shàng nǎ mén kè
你喜欢上哪门课？

wǒ xǐ huan shàng lì shǐ kè hé
我喜欢上历史课和
dì lǐ kè
地理课。

nǐ bù xǐ huan shàng nǎ mén kè
你不喜欢上哪门课？

wǒ bù xǐ huan shàng xì jù
我不喜欢上戏剧
hé kē xué kè
和科学课。

NEW WORDS

1. 门(門) *mén* door; measure word
2. 科 *kē* a branch of academic study
   科学 *kē xué* science
3. 历(歷、曆) *lì* experience; calendar
4. 史 *shǐ* history
   历史 *lì shǐ* history
5. 理 *lǐ* reason; natural science
   地理 *dì lǐ* geography
6. 戏(戲) *xì* play; drama
7. 剧(劇) *jù* play; drama; opera
   戏剧 *xì jù* drama; play

---

8 Say one sentence about each picture.

Example

wǒ xǐ huan shàng yīng yǔ kè
我喜欢上英语课。

1

2

3

4

5

6

7

8

9

10

11

12

9 Interview ten classmates.

QUESTIONS	喜欢	不喜欢
nǐ xǐ huan shàng yīng yǔ kè ma 1.你喜欢上英语课吗?	正 下	丁
nǐ xǐ huan shàng hàn yǔ kè ma 2.你喜欢上汉语课吗?		
nǐ xǐ huan shàng shù xué kè ma 3.你喜欢上数学课吗?		
nǐ xǐ huan shàng tǐ yù kè ma 4.你喜欢上体育课吗?		
nǐ xǐ huan shàng měi shù kè ma 5.你喜欢上美术课吗?		
nǐ xǐ huan shàng yīn yuè kè ma 6.你喜欢上音乐课吗?		
nǐ xǐ huan shàng diàn nǎo kè ma 7.你喜欢上电脑课吗?		
nǐ xǐ huan shàng lì shǐ kè ma 8.你喜欢上历史课吗?		
nǐ xǐ huan shàng dì lǐ kè ma 9.你喜欢上地理课吗?		
nǐ xǐ huan shàng xì jù kè ma 10.你喜欢上戏剧课吗?		
nǐ xǐ huan shàng kē xué kè ma 11.你喜欢上科学课吗?		

Report to the class:

八个同学喜欢上英语课。两个同学不喜欢上
英语课。······

10 Activity.

Example:

国家	英国	法国	日本
体育	语言	汉语	学校
朋友	家里	很多	中学
数学	电脑	美术	音乐

INSTRUCTIONS

1 The whole class may join the activity.

2 Each student is given a piece of paper with 16 squares. The teacher writes on the board 16 words/phrases, and the students are asked to copy them onto their paper in whatever order they like.

3 The students are asked to tick off the word/phrase the teacher says. Anyone who ticks off four words/phrases in a line in any directions shouts "Bingo".

11 Ask your classmates the following questions.

nǐ shì nǎ guó rén
1. 你是哪国人？

nǐ zài nǎ ge xué xiào shàng xué
2. 你在哪个学校上学？

nǐ nǎ tiān bú shàng xué
3. 你哪天不上学？

nǐ xǐ huan nǎ mén kè
4. 你喜欢哪门课？

nǐ xǐ huan nǎ ge lǎo shī
5. 你喜欢哪个老师？

哪

12 Interview your partner.

《 Sample questions:

nǐ jiào shén me míng zi
1. 你叫什么名字？

nǐ jīn nián duō dà le
2. 你今年多大了？

nǐ shàng jǐ nián jí
3. 你上几年级？

nǐ jīn nián xué jǐ mén kè
4. 你今年学几门课？

Report to the class:

她叫王小红，

今年十三岁，

上八年级。

她家有……

13 Listen and tick the right answers.

1
a) 科学课
b) 十门课
c) 历史课

2
a) 爱好
b) 语言
c) 音乐课

3
a) 颜色
b) 语言
c) 校服

4
a) 黑色和红色
b) 黄色和蓝色
c) 蓝色和红色

5
a) 校服
b) 朋友
c) 工作

6
a) 跟朋友说西班牙语
b) 跟妈妈说广东话
c) 在学校说英语

14 Role play.

INSTRUCTIONS

Interview such a famous person as an actor, a singer and an athlete. And you should know from him/her the following:

- his/her name
- his/her nationality
- his/her telephone number
- countries he/she has been to
- the language he/she can speak

Example

A: 你叫什么名字?
　nǐ jiào shén me míng zi

B: 我叫＿＿＿＿＿。
　wǒ jiào

A: 你是哪国人?
　nǐ shì nǎ guó rén

B: 我是＿＿＿＿＿。
　wǒ shì

19

Text 1

①

您好！小明在家吗？
nín hǎo   xiǎo míng zài jiā ma

他不在。
tā bú zài

谢谢您！
xiè xie nín

不客气。
bú kè qi

②

白先生在家吗？
bái xiān sheng zài jiā ma

在。请问，你是哪一位？
zài qǐng wèn nǐ shì nǎ yí wèi

我叫王东。
wǒ jiào wáng dōng

请等一等，我去叫他。
qǐng děng yi děng wǒ qù jiào tā

NEW WORDS

1. 在家 zài jiā be at home
2. 谢(謝) xiè thank
   谢谢 xiè xie thanks
3. 客 kè guest
4. 气(氣) qì gas; air
   客气 kè qì polite

不客气 bú kè qi You're welcome.
5. 先 xiān earlier; first of all
   先生 xiān sheng Mr.; husband (formal)
   (nouse: teacher) two years ever Female teacher.
6. 请(請) qǐng please
7. 问(問) wèn ask
   请问 qǐng wèn excuse me; one may ask

8. 位 wèi place; seat; measure word (people e.g restaurant)
   哪一位 nǎ yí wèi Whom am I talking to?
9. 等 děng wait
   等一等 děng yi děng wait a moment

ni shi sui? who au you.

1 Make dialogues with your partner.

你好!

您好!

再见!

不客气!

你早!

Sentences for Reference

a) 你(您)早! nǐ (nín) zǎo
b) 你(您)好! nǐ (nín) hǎo
c) 再见! zài jiàn
d) 谢谢你! xiè xie nǐ
e) 不客气。 bú kè qi

2 Listen and add tonal marks to the pinyin.

1 shetou   **2** haizi

3 putao   **4** hanhu

5 nuanhuo   **6** bieniu

Practice Focus

neutral tone

3 Match the picture with the answer.

1

2

3

4

5

6

7

8

Answers

a) 请问 qǐng wèn

b) 请说 qǐng shuō

c) 请坐 qǐng zuò

d) 请吃 qǐng chī

e) 请穿上 qǐng chuān shang

f) 请放下 qǐng fàng xia

g) 请上车 qǐng shàng chē

h) 请下车 qǐng xià chē

22

4 Say the sentences in another way.

jīn tiān wǎn shang lái wǒ jiā zuò yi zuò
overnight

1. 今天晚上来我家坐一坐。

   今天晚上来我家坐坐。

nǐ qù wèn yí xià lǎo shī

2. 你去问一下老师。

> **NOTE**
>
> The expressions 等一等, 等等 and 等一下 all imply a short and quick action, and express an attempt or trial, e.g.
>
> 请你等一下。

qǐng nǐ shuō yi shuō nǐ jīn nián xué shén me kè

3. 请你说一说你今年学什么课。

wǒ men wǎn shang chū qu zǒu zou
walk

4. 我们晚上出去走走。

qǐng nǐ děng yí xià

5. 请你等一下。

nǐ chuān yi chuān zhè tào xiào fú

6. 你穿一穿这套校服。
school uniform.

5 Activity.

> **INSTRUCTIONS**
>
> 1 The class is divided into small groups.
>
> 2 Each group is asked to memorize the radicals listed on the left. Then the teacher gives a dictation on those radicals.
>
> 3 The group writing more correct radicals than any other group wins the activity.

23

6 Listen and match.

___ 1 小文	a) 有妈妈的手机号码。
___ 2 大明	b) 去北京了。
___ 3 小红的爸爸	c) 在家。
___ 4 冬冬	d) 明天没有历史课。
___ 5 京京	e) 是小文的朋友。
___ 6 大生	f) 没有表。

7 Role play.

Make telephone calls.

 Situations

1	2	3	4
Call your father's office, but he is not in.	Call your best friend's home, and he/she is at home.	Call Mr. Huang's home. He is not in. He is in Beijing.	Call your friend Xiaoming. He is at home.

8 Learn the simple characters.

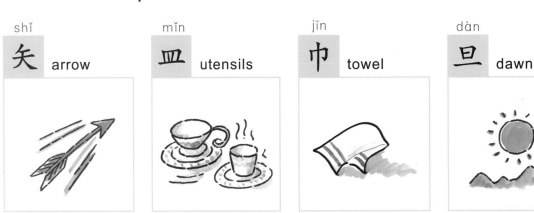

shǐ
矢 arrow

mǐn
皿 utensils

jīn
巾 towel

dàn
旦 dawn

①

qǐng wèn wáng xiǎo jie zài ma
请问，王小姐在吗？

nǎ ge wáng xiǎo jie
哪个王小姐？

wáng xiǎo qīng
王小青。

nǐ dǎ cuò diàn huà le
你打错电话了。

duì bu qǐ
对不起！

méi guān xi
没关系。

②

qǐng wèn xiǎo wén zài jiā ma
请问，小文在家吗？

duì bu qǐ tā bú zài jiā
对不起，她不在家。

tā jǐ diǎn huí lai
她几点回来？

bù zhī dào nǐ děng yí huìr zài dǎ lái hǎo ma
不知道。你等一会儿再打来，好吗？

hǎo xiè xie zài jiàn
好。谢谢！再见！

NEW WORDS

1. 小姐 (xiǎo jie) Miss
2. 打 (dǎ) strike; send
3. 错(錯) (cuò) mistake; wrong
4. 对(對) (duì) right, agree
   对不起 (duì bu qǐ) I'm sorry.
5. 关(關) (guān) close shut

6. 系(係) (xì) system
   关系 (guān xi) relationship
   没关系 (méi guān xi) It doesn't matter.
7. 回 (huí) return
8. 来(來) (lái) come
   回来 (huí lai) return

9. 知 (zhī) know
10. 道 (dào) say; talk
    知道 (zhī dào) know
11. 一会儿 (yí huìr) a little while

9 Make dialogues with your partner.

1
你好!

2
再见!

3
对不起!

4
你早!

5
您好!

6
谢谢!

Sentences for Reference

a) 对不起! (duì bu qǐ)
b) 没关系。 (méi guān xi)
c) 谢谢! (xiè xie)
d) 不客气。 (bú kè qi)
e) 你好! (nǐ hǎo)
f) 您早! (nín zǎo)
g) 再见! (zài jiàn)

26

10 Role play.

Make telephone calls.

Situations

①	②	③	④	⑤
Someone is looking for your dad, but he is not at home. He has gone to China. Ask the person to call again this Tuesday.	Someone is looking for your mum. She is not at home. She is at school. Ask the person to call back at 8 p.m. tonight.	Someone calls to talk to your elder brother. He is not at home. He has gone to Beijing. Ask the person to call again this Friday.	Someone calls to talk to your elder sister. She is at home. You go to fetch her.	Someone calls to talk to your younger brother. He is sleeping. Ask the person to call again tomorrow morning.

11 Activity.

Example

国家	出生	语言	汉语
朋友	喜欢	学校	很多
请问	数学	体育	美术
不客气	等一等		

INSTRUCTIONS

1 The class is divided into two teams.

2 The team members line up on both sides of the classroom. One member from each team stands near the board.

3 The teacher puts up 10-15 cards with characters on the board. The teacher says one word, and the person who is the first to touch the card wins a point.

Listen and tick the right answers.

1
a) 没有电话
b) 没有睡觉
c) 没有大生

2
a) 晚上七点洗澡
b) 晚上七点吃饭
c) 晚上七点回家

3
a) 晚上十点睡觉
b) 上午十点四十分上英语课
c) 下午四点半放学

4
a) 等一会儿再打电话
b) 五点回家
c) 下午三点五十分放学

5
a) 起床了
b) 睡觉了
c) 上学了

6
a) 在家
b) 在学校
c) 在朋友家

●13●●●

Change the following sentences into questions.

wǒ bù zhī dào tā shì shuí
1. 我不知道他是谁。→ 你知道他是谁吗?

wǒ bù zhī dào xiàn zài jǐ diǎn
2. 我不知道现在几点。→ 你知道 _____

wǒ bù zhī dào tā zuò shén me gōng zuò
3. 我不知道他做什么工作。→ _____

wǒ bù zhī dào tā shì nǎ guó rén
4. 我不知道她是哪国人。→ _____

wǒ bù zhī dào bà ba jǐ diǎn huí lai
5. 我不知道爸爸几点回来。→ _____

wǒ bù zhī dào tā duō dà le
6. 我不知道他多大了。→ _____

14 Interview your classmates.

QUESTIONS	知道	不知道
nǐ de yīng yǔ lǎo shī shì nǎ guó rén 1. 你的英语老师是哪国人?	英国人	
nǐ jīn tiān yǒu jǐ jié kè 2. 你今天有几节课?		
nǐ bà ba zuò shén me gōng zuò 3. 你爸爸做什么工作?		
nǐ mā ma zuò shén me gōng zuò 4. 你妈妈做什么工作?		
nǐ de hàn yǔ lǎo shī xǐ huan shén me yán sè 5. 你的汉语老师喜欢什么颜色?		
nǐ de shù xué lǎo shī zěn me shàng bān 6. 你的数学老师怎么上班?		
xiàn zài jǐ diǎn le 7. 现在几点了?		
nǐ bà ba zǎo shang jǐ diǎn shàng bān 8. 你爸爸早上几点上班?		
nǐ bà ba chuān shén me yī fu shàng bān 9. 你爸爸穿什么衣服上班?		

15 Activity.

穿 说 开 吃

校服　晚饭
汉语　校车

INSTRUCTIONS

1　The class is divided into groups of 3 or 4.

2　The teacher gives out two sets of cards. There are verbs on one set of the cards, and nouns on the other. The students are asked to match the verbs with the nouns to form phrases. They need to write down the phrases with correct character writing.

3　The group, which makes more correct phrases than any other group, is the winner.

29

Lesson 4   Weather   天气

  16

běi
北

jīng
京

jīn tiān shì qíng tiān   qì wēn zài
今天是晴天，气温在

èr shí dù zuǒ yòu   míng tiān yǒu
二十度左右。明天有

xiǎo yǔ
小雨。

shàng
上

hǎi
海

jīn tiān duō yún   qì wēn èr shí
今天多云，气温二十

bā dào sān shí èr dù   míng tiān
八到三十二度。明天

yǒu tái fēng
有台风。

NEW WORDS

qíng
1. 晴 fine; clear
qíng tiān
晴天 sunny day

wēn
2. 温 warm; temperature
qì wēn
气温 air temperature

dù
3. 度 degree + maths degree.

zuǒ
4. 左 left

yòu
5. 右 right
zuǒ yòu
左右 around 呀

yǔ
6. 雨 rain
xiǎo yǔ
小雨 light rain

yún
7. 云（雲）cloud
duō yún
多云 cloudy

dào
8. 到 up to

tái
9. 台（颱）platform

fēng
10. 风（風）wind
tái fēng
台风 typhoon

wēn dù
temperature.

龙卷风 -tornado

1 Match the picture with the answer.

1 ··· [ ]

2 ··· [ ]

3 ··· [ ]

4 ··· [ ]

Answers

jīn tiān shì qíng tiān
a) 今天是晴天。

jīn tiān duō yún
b) 今天多云。

jīn tiān yǒu yǔ
c) 今天有雨。

jīn tiān yǒu tái fēng
d) 今天有台风。

2 Speaking practice.

今天
20℃~25℃

明天
25℃

Example

jīn tiān duō yún   qì wēn èr shí dào èr shí wǔ dù
今天多云，气温二十到二十五度。

míng tiān shì qíng tiān   qì wēn zài èr shí wǔ dù zuǒ yòu
明天是晴天，气温在二十五度左右。

今天
12℃~15℃

1

明天
20℃

今天
32℃~35℃

2

明天
30℃

今天
10℃~18℃

3

明天
14℃

31

3 Listen and tick the right answers.

1
ⓐ jiǔguì
ⓑ jiǔhuì

2
ⓐ zhìhuì
ⓑ zhǐhuī

3
ⓐ táozuì
ⓑ táoshuì

Practice Focus

iu   ui

4
ⓐ huíjiā
ⓑ huìjià

5
ⓐ xiūhuì
ⓑ xiūkuì

6
ⓐ jītuì
ⓑ jītuǐ

4 Say one sentence about each picture.

Example

jīn tiān shì qíng tiān
今天是晴天。

Extra Sentences

jīn tiān yǒu dà fēng xuě
a) 今天有大风雪。

jīn tiān shì yīn tiān
b) 今天是阴天。

jīn tiān yǒu zhōng dào dà yǔ
c) 今天有中到大雨。

1

2

3

4

5

6

5 Speaking practice.

北京 běijīng
5°C~15°C

大连 dàlián
12°C~18°C

青岛 qīngdǎo
10°C~15°C

西安 xī'ān
10°C~15°C

上海 shànghǎi
18°C~23°C

厦门 xiàmén
20°C~26°C

香港 xiānggǎng
22°C~30°C

Example

xiāng gǎng jīn tiān yǒu tái fēng
香港今天有台风，
qì wēn èr shí èr dào sān
气温二十二到三
shí dù
十度。

6 Listen, tick the right boxes and write down the temperature. *18*

					气温
1. 北京	√				5°C~18°C
2. 纽约					
3. 香港					
4. 上海					
5. 巴黎					
6. 伦敦					

33

7 Speaking practice.

30°C 左右

Example

jīn tiān duō yún　　qì wēn zài sān shí dù zuǒ yòu
今天多云，气温在三十度左右。

tā jīn tiān chuān hàn shān hé duǎn kù
他今天穿汗衫和短裤。

1 ··· 10°C~15°C

2 ··· 20°C 左右

3 ··· 32°C~35°C

8 Learn the simple characters.

shé
舌 tongue

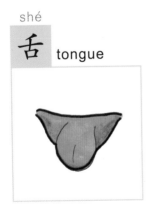

guā
瓜 melon

yáng
羊 sheep

hé
禾 seedling

34

jīn tiān tiān qì zěn me yàng
今天天气怎么样?

yīn tiān
阴天。

míng tiān tiān qì zěn me yàng
明天天气怎么样?

guā dà fēng xià dà xuě
刮大风，下大雪。

míng tiān duō shao dù
明天多少度?

líng xià shí dù zuǒ yòu
零下十度左右。

35

NEW WORDS

1. tiān qì 天气 weather
2. zěn me yàng 怎么样 how
3. yīn 阴(陰) overcast

yīn tiān 阴天 overcast day
4. guā 刮(颳) blow
guā fēng 刮风 windy

5. xuě 雪 snow
xià xuě 下雪 snow
6. líng xià 零下 below zero

---

9 Match the picture with the answer.

1··· [f]
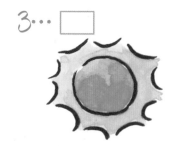

2··· [ ]

3··· [ ]

4··· [ ]

5··· [ ]

6··· [ ]

7··· [ ]

8··· [ ]

Answers

a) jīn tiān shì qíng tiān 今天是晴天。
b) jīn tiān shì yīn tiān 今天是阴天。
c) jīn tiān duō yún 今天多云。
d) jīn tiān yǒu xiǎo yǔ 今天有小雨。
e) jīn tiān yǒu dà fēng xuě 今天有大风雪。
f) jīn tiān yǒu tái fēng 今天有台风。
g) jīn tiān yǒu léi yǔ 今天有雷雨。
h) jīn tiān yǒu bīng báo 今天有冰雹。

36

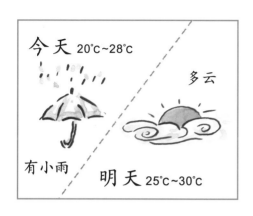

Example

A: jīn tiān tiān qì zěn me yàng
今天天气怎么样？

B: duō yún   xià wǔ yǒu xiǎo yǔ
多云，下午有小雨。

A: qì wēn duō shao dù
气温多少度？

B: èr shí dào èr shí bā dù
二十到二十八度。

A: míng tiān tiān qì zěn me yàng
明天天气怎么样？

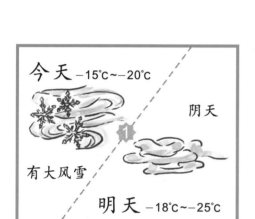

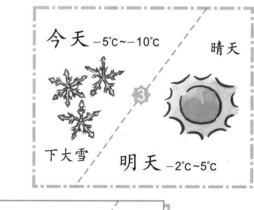

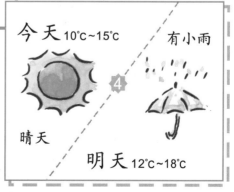

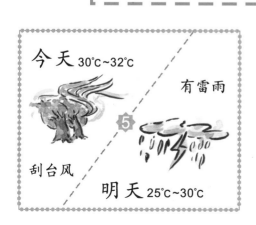

°11 Listen and tick the right answers.

1 伦敦明天	a) 有小雨	b) 晴	c) 下大雪
2 北京明天	a) 是阴天	b) 有中到大雨	c) 晴
3 上海今天	a) 有雨	b) 气温在10度左右	c) 刮大风
4 香港今天	a) 阴	b) 多云	c) 晴
5 纽约明天	a) 刮台风	b) 下大雪	c) 晴
6 巴黎明天	a) 阴	b) 有雨	c) 多云

°12 Make dialogues with your partner.

Talk about the weather in the following cities in a specific season.

Situations

1. Spring：东京、伦敦
2. Summer：北京、香港
3. Autumn：巴黎、悉尼
4. Winter：纽约、上海

Example

A：
nǐ qù guo lún dūn ma
你去过伦敦吗?

B：
qù guo
去过。

A：
nà li de tiān qì zěn me yàng
那里的天气怎么样?

B：
tiān qì bù hǎo cháng cháng xià yǔ
天气不好，常常下雨，
qì wēn zài shí wǔ dù zuǒ yòu
气温在十五度左右。

13 Match the question with the answer.

_____ 1 你家有几口人？　　　　　a) 她大眼睛、高鼻子。

_____ 2 你家有谁？　　　　　　　b) 四口人。

_____ 3 你今年多大了？　　　　　c) 她坐校车上学。

_____ 4 你姐姐长什么样？　　　　d) 我妈妈也工作。

_____ 5 你姐姐每天怎么上学？　　e) 我今年十四岁。

_____ 6 我妈妈工作。你妈妈呢？　f) 今天没有雨。

_____ 7 你那里今天天气怎么样？　g) 多云，下午有雪。

_____ 8 今天有雨吗？　　　　　　h) 二十度左右。

_____ 9 明天多少度？　　　　　　i) 爸爸、妈妈、姐姐和我。

It is your turn!

Make a question with each of the dotted words and then ask your partner to answer them.

14 Activity.

Example

今天	明天	昨天
晴天	气温	十度
左右	多云	台风
刮风	阴天	怎么样

INSTRUCTIONS

1 The whole class may join the activity.

2 The teacher puts up 10-15 words/phrases on the board. The students are given 2-3 minutes to memorize them.

3 Then the teacher takes off one word/phrase secretly and asks the students to tell the missing word/phrase.

4 Those students, who say the wrong word/phrase, are out of the activity.

Unit 2

Text 1

shàng hǎi chūn tiān bù lěng
上海春天不冷，
yǒu shí hou xià yǔ
有时候下雨，
qì wēn zài èr shí wǔ
气温在二十五
dù yǐ xià
度以下。

nán jīng xià tiān hěn rè   cháng
南京夏天很热，常
cháng shì qíng tiān   zuì gāo qì
常是晴天，最高气
wēn yǒu sān shí bā dù
温有三十八度。

NEW WORDS

1. 春 chūn spring
   春天 chūn tiān spring
2. 冷 lěng cold
3. 时(時) shí time; hour
4. 候 hòu time
   时候 shí hou time; moment

   有时候 yǒu shí hou sometimes
5. 下雨 xià yǔ rain
6. 以下 yǐ xià below; under
7. 南京 nán jīng Nanjing (city)
8. 夏 xià summer
   夏天 xià tiān summer

9. 热(熱) rè hot
10. 常 cháng often
    常常 cháng cháng often
11. 最 zuì most
    最高 zuì gāo highest; tallest
* 12. 有 yǒu used for estimation

40

1 Match the picture with the answer.

1 ··· C

2 ··· ☐

3 ··· ☐

4 ··· ☐

5 ··· ☐

6 ··· ☐

7 ··· ☐

8 ··· ☐

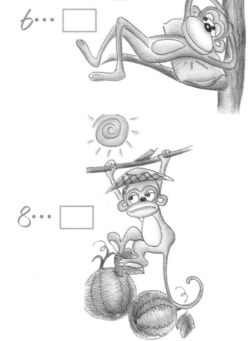

Answers

a) 今天是晴天，很热。
jīn tiān shì qíng tiān　hěn rè

b) 今天多云，很暖和。
jīn tiān duō yún　hěn nuǎn huo

c) 今天有台风。
jīn tiān yǒu tái fēng

d) 今天下大雪，很冷。
jīn tiān xià dà xuě　hěn lěng

e) 今天下大雨，不冷。
jīn tiān xià dà yǔ　bù lěng

f) 今天是阴天，很凉快。
jīn tiān shì yīn tiān　hěn liáng kuai

g) 今天有小雨，不冷也
不热。
jīn tiān yǒu xiǎo yǔ　bù lěng yě bú rè

h) 今天有大风雪，很冷。
jīn tiān yǒu dà fēng xuě　hěn lěng

41

2 Listen and add tonal marks to the pinyin.

1 jiuliu ____   2 xiuqiu ____   3 jiugui ____

4 qishui ____   5 liushui ____   6 qiudui ____

Practice Focus

iu ui

3 Listen, tick the right boxes and write down the temperature.

	热	冷	晴	阴	多云	刮风	下雨	下雪	气温
1. 上海夏天									30℃ 以上
2. 北京春天									
3. 南京夏天									
4. 香港秋天									
5. 纽约春天									
6. 伦敦春天									

4 Speaking practice.

 Example

tā xiǎo yǎn jing
他小眼睛、
gāo bí zi   xiǎo
高鼻子、小
zuǐ ba   tā chuān
嘴巴。他穿
chèn shān hé cháng kù
衬衫和长裤。

1

2

42

5 Make as many sentences as possible with the words given.

Example

bà ba yǒu shí hou chuān niú zǎi kù shàng bān
爸爸有时候穿牛仔裤上班。

Adverbs	Verbs			Nouns		
常常	穿	上班	上学	早饭	校车	出租车
不常	坐	放学	起床	短裤	地铁	牛仔裤
有时候	吃	睡觉	走路	汉语	阴天	晴天
	说	下雪	下雨	汗衫	晚饭	公共汽车

6 Oral presentation.

Choose a country /city and search information about its weather. You need to follow the guidelines.

Situations

1

在这个国家/城市：
- 春天天气怎么样？
- 气温多少度？
- 常常下雨吗？
- 人们穿什么衣服？

2

在这个国家/城市：
- 夏天的天气怎么样？
- 有台风吗？
- 最高气温有多少度？
- 人们穿什么衣服？

NOTE

有 is used for estimation, e.g.

今天最高气温有三十五度。

Example

běi jīng de xià tiān yǒu shí hou xià yǔ
北京的夏天有时候下雨，
hěn rè zuì gāo qì wēn yǒu sān shí bā
很热，最高气温有三十八
dù rén men chuān hàn shān hé duǎn kù
度。人们穿汗衫和短裤。

43

Role play.

Example

A: <ruby>小<rt>xiǎo</rt></ruby><ruby>明<rt>míng</rt></ruby>，<ruby>你<rt>nǐ</rt></ruby><ruby>好<rt>hǎo</rt></ruby>！<ruby>我<rt>wǒ</rt></ruby><ruby>是<rt>shì</rt></ruby><ruby>冬<rt>dōng</rt></ruby><ruby>云<rt>yún</rt></ruby>。

B: <ruby>冬<rt>dōng</rt></ruby><ruby>云<rt>yún</rt></ruby>，<ruby>你<rt>nǐ</rt></ruby><ruby>好<rt>hǎo</rt></ruby>！<ruby>你<rt>nǐ</rt></ruby><ruby>在<rt>zài</rt></ruby><ruby>哪<rt>nǎr</rt></ruby><ruby>儿<rt></rt></ruby>？

A: <ruby>我<rt>wǒ</rt></ruby><ruby>在<rt>zài</rt></ruby><ruby>南<rt>nán</rt></ruby><ruby>京<rt>jīng</rt></ruby>。

B: <ruby>南<rt>nán</rt></ruby><ruby>京<rt>jīng</rt></ruby><ruby>天<rt>tiān</rt></ruby><ruby>气<rt>qì</rt></ruby><ruby>怎<rt>zěn</rt></ruby><ruby>么<rt>me</rt></ruby><ruby>样<rt>yàng</rt></ruby>？<ruby>热<rt>rè</rt></ruby><ruby>吗<rt>ma</rt></ruby>？

A: <ruby>很<rt>hěn</rt></ruby><ruby>热<rt>rè</rt></ruby>，<ruby>每<rt>měi</rt></ruby><ruby>天<rt>tiān</rt></ruby><ruby>三<rt>sān</rt></ruby><ruby>十<rt>shí</rt></ruby><ruby>五<rt>wǔ</rt></ruby><ruby>度<rt>dù</rt></ruby><ruby>左<rt>zuǒ</rt></ruby><ruby>右<rt>yòu</rt></ruby>。

B: <ruby>你<rt>nǐ</rt></ruby><ruby>哪<rt>nǎ</rt></ruby><ruby>天<rt>tiān</rt></ruby><ruby>回<rt>huí</rt></ruby><ruby>来<rt>lai</rt></ruby>？

A: <ruby>我<rt>wǒ</rt></ruby><ruby>星<rt>xīng</rt></ruby><ruby>期<rt>qī</rt></ruby><ruby>六<rt>liù</rt></ruby><ruby>回<rt>huí</rt></ruby><ruby>来<rt>lai</rt></ruby>。

Make similar calls to your friends.

Situations

a
You are in Beijing. It is summer there, and it is very hot. You are coming back next Sunday.

b
You are in Shanghai. It is spring there. It often rains. You are coming back on April 14th.

Learn the simple characters.

north 北 běi

west 西 xī

east 东 dōng

south 南 nán

běi jīng qiū tiān tiān qì zuì hǎo
北京秋天天气最好，

bù lěng yě bú rè　　jīng cháng
不冷也不热，经常

shì qíng tiān　　qì wēn zài shí
是晴天，气温在十

wǔ dù yǐ shàng
五度以上。

dōng jīng dōng tiān hěn lěng　　yǒu
东京冬天很冷，有

shí hou xià xuě　　zuì dī qì
时候下雪，最低气

wēn líng xià shí wǔ dù
温零下十五度。

New Words

1. qiū
   秋 autumn

   qiū tiān
   秋天 autumn

2. jīng
   经(經) constant; regular

jīng cháng
经常 often

3. yǐ shàng
   以上 over; above

4. dōng jīng
   东京 Tokyo

5. dōng
   冬 winter

   dōng tiān
   冬天 winter

6. dī
   低 low

45

9 Speaking practice.

上海：夏天
30℃～38℃

shàng hǎi xià tiān hěn rè　　jīng cháng shì qíng tiān
上海夏天很热，经常是晴天，
zuì gāo qì wēn sān shí bā dù
最高气温三十八度。

2...
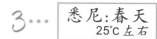
巴黎：秋天
15℃左右

1...
伦敦：春天
10℃～15℃

3...

悉尼：春天
25℃左右

4...
东京：冬天
最低气温−10℃

5...
北京：夏天
最高气温38℃

10 Activity.

jīn tiān xià xiǎo yǔ　　hěn rè
1. 今天下小雨，很热。
běi jīng dōng tiān yǒu shí hou xià xuě
2. 北京冬天有时候下雪。

46

INSTRUCTIONS

1　The class is divided into small groups.

2　The teacher whispers a phrase/sentence to one member of the group. The phrase/sentence is whispered along to the last student of the group.

3　If the last student can repeat the sentence exactly as the teacher whispered it, the group wins one point.

___1___ 上海的秋天　　　　a) 最低气温10℃左右。

___2___ 香港的冬天　　　　b) 不常下雨，气温在20℃左右。

___3___ 南京的春天　　　　c) 不冷也不热。

___4___ 北京的夏天　　　　d) 很冷，有时候有大风雪。

___5___ 伦敦的冬天　　　　e) 不常下雨，很热。

___6___ 东京的春天　　　　f) 常常是晴天，气温在10℃~25℃。

12 Speaking practice.

shàng hǎi de chūn tiān
上海的春天：10℃~20℃
经常下雨

nán jīng de xià tiān
南京的夏天：32℃~38℃
常常是晴天

xiāng gǎng de qiū tiān
香港的秋天：10℃~20℃
常常是晴天

běi jīng de dōng tiān
北京的冬天：-8℃~10℃
有时候下雪

13 Make a sentence with each phrase in the box.

a) 最喜欢	e) 最少	i) 最热
b) 最早	f) 最高	j) 最大
c) 最晚	g) 最长	k) 最小
d) 最多	h) 最冷	l) 最好

Example

běi jīng xià tiān zuì rè
北京夏天最热。

14 Complete the paragraph below.

悉尼的春天

伦敦的夏天

纽约的秋天

曼谷的冬天

bái xiān sheng jīn nián liù shí èr suì　　tā shì měi guó rén　　tā bù gōng zuò
白先生今年六十二岁。他是美国人。他不工作。

tā chūn tiān qù xī ní　 xī ní de chūn tiān cháng cháng shì　　　　tā xià tiān qù
他春天去悉尼，悉尼的春天常常是……他夏天去

lún dūn　　　　tā qiū tiān qù niǔ yuē　　　　tā dōng tiān qù màn gǔ
伦敦……他秋天去纽约……他冬天去曼谷……

15 Oral presentation.

Example

shàng hǎi de qiū tiān shì cóng jiǔ yuè dào shí yī yuè　　shàng hǎi de
上海的秋天是从九月到十一月。上海的
qiū tiān tiān qì hěn hǎo　　cháng cháng shì qíng tiān　　qì wēn shí dào
秋天天气很好，常常是晴天，气温十到
èr shí dù　　rén men chuān wài tào　　máo yī　　cháng kù děng
二十度，人们穿外套、毛衣、长裤等。

Choose a country/city and search information about its weather. You need to follow the guidelines below.

①

在这个国家/城市：
- 秋天是几月到几月？
- 秋天天气怎么样？
- 常常是晴天吗？
- 气温多少度？
- 人们穿什么衣服？

②

在这个国家/城市：
- 冬天是几月到几月？
- 冬天天气怎么样？
- 常常下雪吗？
- 最低气温多少度？
- 人们穿什么衣服？

16 Role play.

《 **Sample questions:**

nǐ jiào shén me míng zi
1. 你叫什么名字？

nǐ zài nǎr chū shēng
2. 你在哪儿出生？

nǐ huì shuō shén me yǔ yán
3. 你会说什么语言？

nǐ zài jiā shuō shén me yǔ yán
4. 你在家说什么语言？

nǐ jīn nián xué jǐ mén kè　shén me kè
5. 你今年学几门课？什么课？

INSTRUCTIONS

Suppose you are meeting a new student in your class. Make a conversation with him/her.

nǐ xǐ huan shàng shén me kè
6. 你喜欢上什么课？

nǐ bù xǐ huan shàng shén me kè
7. 你不喜欢上什么课？

Text 1

wǒ jīn tiān shēng bìng le
我今天生病了，
fā shāo   ké sou
发烧、咳嗽，
hái tóu tòng   wǒ jīn
还头痛。我今
tiān méi qù shàng xué
天没去上学，
xià wǔ mā ma dài wǒ
下午妈妈带我
qù kàn yī shēng le
去看医生了。

NEW WORDS

bìng
1. 病 illness; disease
   shēng bìng
   生病 fall ill
   shāo
2. 烧(燒) burn; run a fever
   fā   shāo
   发(發)烧 have a fever
   ké
3. 咳 cough

sòu
4. 嗽 cough
   ké sou
   咳嗽 cough
   tòng
5. 痛 ache; pain
   tóu tòng
   头痛 headache
   dài
6. 带(帶) take; bring

kàn
7. 看 look at; see;
       treat (a patient
       or an illness)
   yī
8. 医(醫) medicine
   yī shēng
   医生 doctor

50

1 Say the time in Chinese.

Example: 23:45 晚上十一点三刻
wǎn shang shí yī diǎn sān kè

1. 08:00 _____
2. 12:00 _____
3. 14:30 _____
4. 18:15 _____
5. 10:05 _____
6. 20:45 _____
7. 06:20 _____
8. 15:50 _____
9. 21:35 _____

2 Translate from Chinese to English.

1. 姐姐去北京了。
jiě jie qù běi jīng le
_____

2. 刮风了。
guā fēng le
_____

3. 小弟弟会说话了。
xiǎo dì di huì shuō huà le
_____

4. 我现在喜欢上汉语课了。
wǒ xiàn zài xǐ huan shàng hàn yǔ kè le
_____

5. 哥哥去打电话了。
gē ge qù dǎ diàn huà le
_____

6. 天晴了。
tiān qíng le
_____

7. 下大雪了。
xià dà xuě le
_____

8. 我知道了。
wǒ zhī dào le
_____

NOTE

1. 了 expresses a completed action, e.g.
   爸爸去上班了。
2. 了 also indicates a change or new circumstance, e.g.
   下雨了。

3 Listen and add tonal marks to the pinyin.

1. doujiaor
2. gouzao
3. gaoshou
4. jiaoshou
5. xiaoshou
6. zouxiao

Practice Focus

ao ou

51

4 Say the following in Chinese.

Extra Words

a) yǎn jīng téng
眼 睛 疼

b) sǎng zi téng
嗓 子 疼

c) dù zi téng
肚 子 疼

d) jiǎo téng
脚 疼

e) shǒu téng
手 疼

f) gǎn mào
感 冒

5 Say one sentence about each picture.

6 Look up the words in the dictionary and write down their meanings.

1 病人 _____

2 吃药 _____

3 病床 _____

4 病房 _____

5 医院 _____

6 护士 _____

7 Activity.

INSTRUCTIONS

1 The class is divided into small groups.

2 Each group is asked to memorize the radicals listed on the left. Then the teacher gives a dictation on those radicals.

3 The group writing more correct radicals than any other group wins the activity.

8 Listen and choose the right answers. 28

1 大生 _____。

a) 生病了

b) 上课去了

c) 睡觉了

2 小红 _____。

a) 去上学了

b) 发烧了

c) 咳嗽了

3 王医生 _____。

a) 星期一不上班

b) 星期一上班

c) 星期一九点上班

4 白老师是 _____。

a) 英语老师

b) 地理老师

c) 数学老师

5 弟弟 _____。

a) 冬天常常咳嗽

b) 夏天常常发烧

c) 春天常常头痛

6 香港今天 _____。

a) 下小雨

b) 有台风

c) 刮大风，下大雨

53

9 Make similar dialogues with your partner.

Example

对话 1

A: nǐ cháng shēng bìng ma
你常生病吗？

B: wǒ cháng shēng bìng   wǒ shàng ge xīng
我常生病。我上个星
qī shēng bìng le   fā shāo
期生病了，发烧，
hái ké sou
还咳嗽。

A: nǐ qù kàn yī shēng le ma
你去看医生了吗？

B: qù kàn le
去看了。

A: shuí dài nǐ qù kàn yī shēng de
谁带你去看医生的？

B: wǒ mā ma
我妈妈。

A: nǐ kàn guo zhōng yī ma
你看过中医吗？

B: méi kàn guo
没看过。

对话 2

病人: bìng rén   wáng yī shēng zài ma
王医生在吗？

护士: hù shi zài   nǐ shì nǎ yí wèi
在。你是哪一位？

病人: bìng rén   wǒ jiào wáng míng   shì tā de
我叫王明，是他的
bìng rén   wǒ jīn tiān shēng bìng
病人。我今天生病
le   wǒ zhōng wǔ qù kàn bìng
了。我中午去看病，
hǎo ma
好吗？

护士: hù shi hǎo   zhōng wǔ shí èr diǎn bàn
好。中午十二点半，
hǎo ma
好吗？

病人: bìng rén hǎo   xiè xie   zài jiàn
好，谢谢。再见！

10 Learn the simple characters.

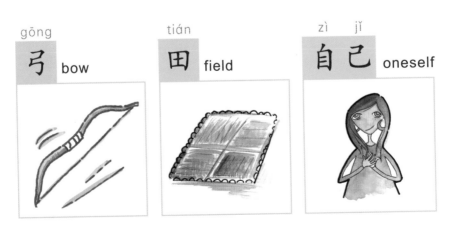

gōng
弓 bow

tián
田 field

zì jǐ
自己 oneself

54

你哪儿不舒服？
nǐ nǎr bù shū fu

我嗓子疼。
wǒ sǎng zi téng

你发烧吗？
nǐ fā shāo ma

发烧，三十九度二。
fā shāo sān shí jiǔ dù èr

你感冒了,今天
nǐ gǎn mào le jīn tiān
不要去上学了。
bú yào qù shàng xué le

我也不想去。
wǒ yě bù xiǎng qù

你要在家休息两天。
nǐ yào zài jiā xiū xi liǎng tiān

谢谢医生。
xiè xie yī shēng

NEW WORDS

1. 舒 shū stretch; relax
   舒服 shū fu comfortable
2. 嗓 sǎng throat
   嗓子 sǎng zi throat
3. 疼 téng ache; pain

4. 感 gǎn feel; sense
5. 冒 mào emit; send out
   感冒 gǎn mào common cold
6. 要 yào want; need; should; will
   不要 bú yào don't

7. 想 xiǎng think; want
8. 休 xiū rest
9. 息 xī rest
   休息 xiū xi rest

11 Translate from Chinese to English.

1. jīn tiān xià wǔ wǒ yào qù xué xiào
今天下午我要去学校。

2. jīn tiān nǐ yào chuān máo yī
今天你要穿毛衣。

3. nǐ yào zuò dì tiě qù
你要坐地铁去。

4. wǒ xiàn zài xiǎng qù shuì jiào
我现在想去睡觉。

5. dì di xiǎng huí jiā
弟弟想回家。

6. gē ge xiǎng xué hàn yǔ
哥哥想学汉语。

NOTE

1. 要 means "want", "need", "should" or "will", e.g.

   a) 今天你要穿大衣上学。

   b) 在北京你要每天说汉语。

2. 想 means "think" or "want", e.g.

   我想去上学。

It is your turn!

Make two sentences, one with "要" and the other with "想".

12 Say one sentence about each picture.

他头痛。

13 Make one sentence with each word/phrase.

Example

wǒ zuó tiān méi yǒu qù shàng xué

我昨天没有去上学。

一	二	三	四	五	六	日
		15	16	17		

1 昨天
2 今天
3 明天

一	二	三	四	五	六	日
		1	2	3	4	5
6	7	8	9	10	11	12
13	14	15	16	17	18	19
20	21	22	23	24	25	26
27	28	29	30	31		

4 上个星期
5 这个星期
6 下个星期

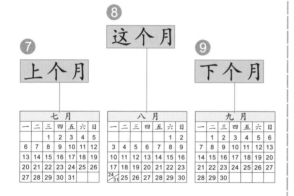

7 上个月
8 这个月
9 下个月

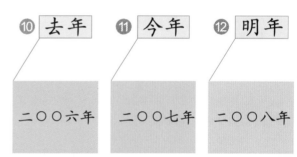

10 去年 二〇〇六年
11 今年 二〇〇七年
12 明年 二〇〇八年

14 Listen, tick the right boxes and write down the temperature. 🅾30

	发烧	头痛	嗓子疼	咳嗽	在家休息	看医生	体温
1.大生	✓						39.8˚C
2.王星							
3.东东							
4.大年							
5.小明							
6.美文							

57

15 Translate from Chinese to English. Then do the activity.

bú yào shuō le
1. 不要说了!

bú yào chī le
2. 不要吃了!

nǐ jīn tiān bú yào kāi chē
3. 你今天不要开车。

bú yào shuì jiào
4. 不要睡觉。

bú yào wèn tā
5. 不要问他。

bú yào dǎ diàn huà
6. 不要打电话。

bú yào jiào tā
7. 不要叫他。

shàng kè bú yào shuō yīng yǔ
8. 上课不要说英语。

NOTE
不要 means "don't", e.g. 不要走路回家。

INSTRUCTIONS

1 | The whole class may join the activity.

2 | When the teacher says a command, the students are expected to do something different.

3 | Those who follow the command are out of the activity.

16 Give advice.

1
北京现在是春天,常常刮大风,气温在十度左右。
去北京你要带……

2
妈妈今天生病了。她头痛、咳嗽、嗓子疼,还发烧。
她要……

3
今天是晴天,很热,气温在三十五度以上。
你出去要……

4
现在晚上十一点半。
不要……

17 Make either questions or sentences with "想".

nǐ jīn nián xiǎng xué rì yǔ ma
1. 你今年想学日语吗?

nǐ xiàn zài xiǎng chī wǎn fàn ma
2. 你现在想吃晚饭吗?

wǒ jīn tiān bù xiǎng qù shàng xué
3. 我今天不想去上学。

wǒ xiàn zài xiǎng shuì jiào
4. 我现在想睡觉。

Words for Reference

a)	chī fàn 吃饭	f)	xué fǎ yǔ 学法语
b)	wèn lǎo shī 问老师	g)	huí jiā 回家
c)	dǎ diàn huà 打电话	h)	kàn yī shēng 看医生
d)	chuān cháng kù 穿长裤	i)	xiū xi 休息
e)	qù běi jīng 去北京	j)	zuò chē 坐车

18 Draw pictures based on the descriptions below.

昨天下雨了,天气很冷。小天上学没有穿外套。	他昨天晚上发烧了。他没有吃晚饭。	他今天早上头痛,嗓子也疼。	中午他妈妈带他去看医生了。医生叫他在家休息一天。

It is your turn!

Write captions for the pictures below.

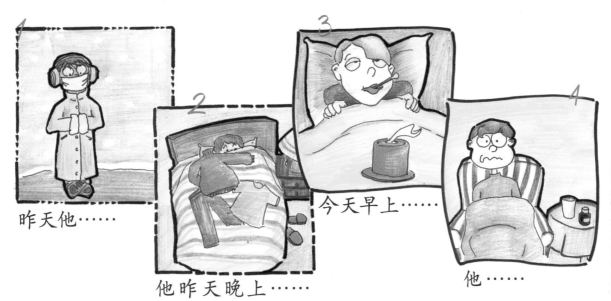

昨天他……

他昨天晚上……

今天早上……

他……

Unit 3

Text 1 31

wǒ jiào tián yún　　wǒ yǒu hěn
我 叫 田 云。我 有 很
duō ài hào　　wǒ xǐ huan yì
多 爱 好。我 喜 欢 一
biān tán gāng qín　　yì biān chàng
边 弹 钢 琴，一 边 唱
gē　　wǒ hái xǐ huan tīng yīn
歌。我 还 喜 欢 听 音
yuè hé dú shū　　wǒ měi tiān
乐 和 读 书。我 每 天
dú yí ge xiǎo shí de shū
读 一 个 小 时 的 书。

NEW WORDS

1. 爱(愛) _ài_ love; be fond of
   爱好 _ài hào_ hobby

2. 边(邊) _biān_ side; edge
   一边…一边… _yì biān … yì biān_ at the same time

3. 弹(彈) _tán_ play (a stringed musical instrument)

4. 钢(鋼) _gāng_ steel

5. 琴 _qín_ a general name for certain musical instruments
   钢琴 _gāng qín_ piano
   弹钢琴 _tán gāng qín_ play the piano

6. 唱 _chàng_ sing

7. 歌 _gē_ song

8. 听(聽) _tīng_ listen
   听音乐 _tīng yīn yuè_ listen to music

9. 读(讀) _dú_ read; attend
   读书 _dú shū_ read a book; study

唱歌 _chàng gē_ sing a song

10. 小时 _xiǎo shí_ hour

60

1 Say the following in Chinese. Then do the activity.

Example

dǎ diàn huà
打 电 话

Extra Words

a) kàn diàn shì
看 电 视

b) tán jǐ tā
弹 吉 他

c) wánr diàn nǎo yóu xì
玩 儿 电 脑 游 戏

1

2

3

4

5

6

7

8

9

10

11

12

13

8×16=
8×17=
8×18=

14

Français

15

16

INSTRUCTIONS

1 | The whole class may join the activity.

2 | When the teacher says an action word, the students are expected to act accordingly.

3 | Those who do not act accordingly are out of the activity.

2 Say one sentence about each picture.

Example

tā xǐ huan yì biān zuò chē
他喜欢一边坐车
yì biān kàn shū
一边看书。

NOTE

一边……一边…… indicates that two actions are happening at the same time, e.g.
她喜欢一边弹钢琴一边唱歌。

3 Activity.

a) 五分钟   g) 一个半小时

b) 十分钟   h) 两个小时

c) 一刻钟   i) 两个小时零五分

d) 半个小时   j) 两个小时十分钟

e) 三刻钟   k) 三个小时一刻钟

f) 一个小时   l) 四个半小时

INSTRUCTIONS

1 The whole class may join the activity.

2 The teacher says a phrase in English, and the student chosen is expected to say it in Chinese.

3 Those students who fail to say it correctly are out of the activity.

4 Listen and tick the right answers.

1. a) shǒutào   b) shòutáo

2. a) tōudào   b) tóutào

3. a) bǎodāo   b) bàodào

4. a) shōuxiào   b) shòuxiǎo

5. a) zòuxiào   b) zǒuqiào

6. a) dǒuqiào   b) dòuxiàor

Practice Focus

ao ou

5 Say one sentence about each picture.

14:00-15:00

Example

tā měi tiān tán yí ge
他 每 天 弹 一 个

xiǎo shí de gāng qín
小 时 的 钢 琴。

NOTE

Duration of an action, e.g.
他每天打一个小时的电话。

1   20:00-6:00

2   19:30-21:30

3   8:30-14:45

4   12:30-13:30

63

6 Listen and tick the right answers.

1
a) 爱好
b) 生病
c) 天气

2
a) 穿毛衣
b) 下雨
c) 看医生

3
a) 上学
b) 爱好
c) 打电话

4
a) 坐火车去北京
b) 去北京要穿长裤
c) 北京的天气

5
a) 读书
b) 一个小时
c) 明天

6
a) 英语老师
b) 音乐老师
c) 体育老师

7 Activity.

Example

老师：多云

学生1：阴天

学生2：下雨

INSTRUCTIONS

1 | The whole class may join the activity.

2 | The teacher names one item of a particular category and the students are expected to add more to it.

3 | Those who do not add any or add wrong items are out of the activity.

8 Learn the simple characters.

bāo
包 bag

zhǐ
止 stop

shì
士 scholar

dòu
豆 bean

nǐ yǒu shén me ài hào
你有什么爱好？

wǒ xǐ huan kàn
我喜欢看
xiǎo shuō hé zá zhì
小说和杂志。

nǐ xǐ huan huà huàr ma
你喜欢画画儿吗？

xǐ huan　　yóu huàr　　shuǐ cǎi huàr　　wǒ dōu
喜欢。油画儿、水彩画儿，我都
xǐ huan huà　　wǒ zhèng zài xué huà guó huàr
喜欢画。我正在学画国画儿。

wǒ yě zài xué huà guó huàr
我也在学画国画儿。

NEW WORDS

xiǎo shuō
1. 小说 novel

zá
2. 杂(雜) miscellaneous

zhì
3. 志(誌) will; records

zá zhì
杂志 magazine

huà
4. 画(畫) draw; paint

huàr
画儿 drawing or painting

guó huàr
国画儿 Chinese painting

yóu
5. 油 oil

yóu huàr
油画儿 oil painting

cǎi
6. 彩 colour

shuǐ cǎi huàr
水彩画儿 watercolour (painting)

dōu
7. 都 all; both

zhèng
8. 正 upright; correct

zhèng zài
正在 in the process of

65

9 Say one sentence about each picture.

Example

tā zhèng zài chàng gē
她正在唱歌。

NOTE

正在 means that an action is in the process, e.g.
她正在弹钢琴。

1

2

3

4

5

6

你好!

你好!

7

8

9

10 Activity.

Example

游 球 影 舞
蹈 提 篮 概

INSTRUCTIONS

1 The class is divided into two groups.

2 The teacher shows a character, and one member of each group is expected to count its strokes.

3 The person who is the first to shout out the correct answer gains a point.

11 Make dialogues with your partner.

Example

tā men zhèng zài zuò shén me
A: 他们正在做什么？

tā men zhèng zài shàng kè
B: 他们正在上课。

12 Listen and match.

1 美文	a) 是美国人，喜欢读书、看杂志。
2 东东	b) 最喜欢听音乐。
3 王星	c) 会弹钢琴，也会唱歌。
4 田雪	d) 星期天画国画儿。
5 大年	e) 去上油画儿课了。
6 天明	f) 正在学画水彩画儿。

67

13 Complete the sentences.

1. 英语、汉语，我 都会说 。

2. 历史课、地理课，哥哥 ____

3. 国画儿、水彩画儿，爸爸 ____

4. 牛仔裤、裙子，姐姐 ____

5. 小说、杂志，妈妈 ____

6. 粉红色、蓝色、紫色，妹妹 ____

It is your turn!

Make four sentences with "都".

14 Draw a series of pictures and then write captions.

Example

■ 冬冬非常爱读书，他每天都要读好几个小时的书。

■ 他常常一边走路一边看书。

■ 他有时候一边听音乐一边看书。

■ 他一边吃饭一边看书。

68

15 Interview five classmates.

《 **Sample questions:**

ní ài dú shū ma　　ài dú shén me shū
1. 你爱读书吗？爱读什么书？

ní ài dú shuí de shū
2. 你爱读谁的书？

ní xiàn zài zhèng zài dú shén me shū
3. 你现在正在读什么书？

ní huì huà huàr ma　　huà shén me huàr
4. 你会画画儿吗？画什么画儿？

ní huì huà yóu huàr　　shuǐ cǎi huàr ma
5. 你会画油画儿/水彩画儿吗？

ní huà guo yóu huàr　　shuǐ cǎi huàr　　guó huàr ma
6. 你画过油画儿/水彩画儿/国画儿吗？

16 Make a similar dialogue with your partner.

Example

ní jiào shén me míng zi
你叫什么名字？

wǒ jiào qiū yún
我叫秋云。

ní zhù zài nǎr
你住在哪儿？

wǒ zhù zài běi jīng
我住在北京。

ní měi tiān zuò shén me
你每天做什么？

wǒ měi tiān dú shū　　tīng yīn yuè
我每天读书、听音乐、
chàng gē
唱歌。

Unit 3

Text 1

wǒ jiào gāo lì　wǒ men
我叫高力。我们
yì jiā rén dōu xǐ huan yùn
一家人都喜欢运
dòng　wǒ bà ba xǐ huan
动。我爸爸喜欢
pǎo bù　tā měi tiān pǎo
跑步。他每天跑
yí ge xiǎo shí bù　wǒ
一个小时步。我
mā ma xǐ huan yóu yǒng
妈妈喜欢游泳。
tā měi tiān zǎo shang yóu yǒng
她每天早上游泳。
wǒ ne　wǒ xǐ huan gēn péng you yì qǐ dǎ wǎng qiú
我呢，我喜欢跟朋友一起打网球。

NEW WORDS

yùn
1. 运(運) motion
dòng
2. 动(動) move
yùn dòng
运动 sports
pǎo
3. 跑 run
bù
4. 步 step; walk

pǎo bù
跑步 run
yóu
5. 游 swim
yǒng
6. 泳 swim
yóu yǒng
游泳 swim
yì qǐ
7. 一起 together

gēn　yì qǐ
跟…一起 together
with
wǎng
8. 网(網) net
qiú
9. 球 ball
wǎng qiú
网球 tennis
dǎ wǎng qiú
打网球 play tennis

70

1 Say one sentence about each picture.

Example

wǒ men zhèng zài dǎ wǎng qiú
我们正在打网球。

1

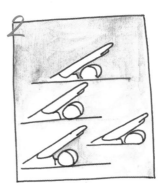

2

3

4

5

2 Complete the sentences.

wǒ cháng cháng gēn zhōng guó péng you yì qǐ
1. 我常常跟中国朋友一起 唱中文歌。

tā měi ge xīng qī liù gēn bà ba yì qǐ
2. 他每个星期六跟爸爸一起 _____

jīn tiān shàng wǔ mā ma gēn mèi mei yì qǐ
3. 今天上午妈妈跟妹妹一起 _____

wǒ měi tiān gēn jiě jie yì qǐ
4. 我每天跟姐姐一起 _____

wǒ měi tiān gēn bà ba mā ma yì qǐ
5. 我每天跟爸爸、妈妈一起 _____

NOTE

跟(和)……一起
means "together with",
e.g.
我每天跟哥哥一起
打网球。

71

It is your turn!

Make four sentences with "跟(和)……一起".

3 Listen and add tonal marks to the pinyin.

1 houguo   2 loudou   3 duoguo

4 duosuo   5 rouruo   6 shouruo

Practice Focus

ou   uo

4 Activity.

Example

五天   三个月
星期日   十天
九月   四十分钟
一刻钟   一个半小时
一个小时   一年半
一个星期   两百天

INSTRUCTIONS

1 The whole class may join the activity.

2 The teacher says a phrase in English, and the students are expected to say it in Chinese.

3 Those students, who cannot say the phrases in Chinese or say the wrong ones, are out of the activity.

5 Listen and tick the right boxes.

	弹钢琴	唱歌	跑步	游泳	打网球	画画儿	读书	听音乐
1.美美								
2.东东								
3.小明								
4.京京								
5.大生								
6.小天								

6 Say the following in Chinese.

Example

跑步

Extra Words

a) 打排球 dǎ pái qiú

b) 打篮球 dǎ lán qiú

c) 打乒乓球 dǎ pīng pāng qiú

d) 打羽毛球 dǎ yǔ máo qiú

e) 打高尔夫球 dǎ gāo ěr fū qiú

f) 踢足球 tī zú qiú

g) 滑冰 huá bīng

h) 滑雪 huá xuě

7 Make similar dialogues with your partner.

Example

A: 你每天游泳吗？
nǐ měi tiān yóu yǒng ma

B: 我每天游泳。
wǒ měi tiān yóu yǒng

A: 你每天游几个小时？
nǐ měi tiān yóu jǐ ge xiǎo shí

B: 上午一个小时，下午一个小时。
shàng wǔ yí ge xiǎo shí   xià wǔ yí ge xiǎo shí

07:00-08:00
16:00-17:00

16:00-18:00

07:00-08:00
19:00-20:00

16:30-17:30

73

8 Make a dialogue with your partner.

《 Sample questions:

1. <ruby>你<rt>nǐ</rt></ruby><ruby>今<rt>jīn</rt></ruby><ruby>年<rt>nián</rt></ruby><ruby>多<rt>duō</rt></ruby><ruby>大<rt>dà</rt></ruby><ruby>了<rt>le</rt></ruby>？<ruby>上<rt>shàng</rt></ruby><ruby>几<rt>jǐ</rt></ruby><ruby>年<rt>nián</rt></ruby><ruby>级<rt>jí</rt></ruby>？

2. <ruby>你<rt>nǐ</rt></ruby><ruby>在<rt>zài</rt></ruby><ruby>哪<rt>nǎ</rt></ruby><ruby>个<rt>ge</rt></ruby><ruby>学<rt>xué</rt></ruby><ruby>校<rt>xiào</rt></ruby><ruby>上<rt>shàng</rt></ruby><ruby>学<rt>xué</rt></ruby>？

3. <ruby>你<rt>nǐ</rt></ruby><ruby>们<rt>men</rt></ruby><ruby>学<rt>xué</rt></ruby><ruby>校<rt>xiào</rt></ruby><ruby>有<rt>yǒu</rt></ruby><ruby>多<rt>duō</rt></ruby><ruby>少<rt>shao</rt></ruby><ruby>学<rt>xué</rt></ruby><ruby>生<rt>sheng</rt></ruby>、<ruby>多<rt>duō</rt></ruby><ruby>少<rt>shao</rt></ruby><ruby>老<rt>lǎo</rt></ruby><ruby>师<rt>shī</rt></ruby>？

4. <ruby>你<rt>nǐ</rt></ruby><ruby>今<rt>jīn</rt></ruby><ruby>年<rt>nián</rt></ruby><ruby>学<rt>xué</rt></ruby><ruby>几<rt>jǐ</rt></ruby><ruby>门<rt>mén</rt></ruby><ruby>课<rt>kè</rt></ruby>？<ruby>哪<rt>nǎ</rt></ruby><ruby>几<rt>jǐ</rt></ruby><ruby>门<rt>mén</rt></ruby><ruby>课<rt>kè</rt></ruby>？

5. <ruby>你<rt>nǐ</rt></ruby><ruby>喜<rt>xǐ</rt></ruby><ruby>欢<rt>huan</rt></ruby><ruby>上<rt>shàng</rt></ruby><ruby>什<rt>shén</rt></ruby><ruby>么<rt>me</rt></ruby><ruby>课<rt>kè</rt></ruby>？<ruby>不<rt>bù</rt></ruby><ruby>喜<rt>xǐ</rt></ruby><ruby>欢<rt>huan</rt></ruby><ruby>上<rt>shàng</rt></ruby><ruby>什<rt>shén</rt></ruby><ruby>么<rt>me</rt></ruby><ruby>课<rt>kè</rt></ruby>？

6. <ruby>你<rt>nǐ</rt></ruby><ruby>喜<rt>xǐ</rt></ruby><ruby>欢<rt>huan</rt></ruby><ruby>听<rt>tīng</rt></ruby><ruby>音<rt>yīn</rt></ruby><ruby>乐<rt>yuè</rt></ruby><ruby>吗<rt>ma</rt></ruby>？

7. <ruby>你<rt>nǐ</rt></ruby><ruby>会<rt>huì</rt></ruby><ruby>弹<rt>tán</rt></ruby><ruby>钢<rt>gāng</rt></ruby><ruby>琴<rt>qín</rt></ruby><ruby>吗<rt>ma</rt></ruby>？

8. <ruby>你<rt>nǐ</rt></ruby><ruby>喜<rt>xǐ</rt></ruby><ruby>欢<rt>huan</rt></ruby><ruby>唱<rt>chàng</rt></ruby><ruby>歌<rt>gē</rt></ruby><ruby>吗<rt>ma</rt></ruby>？

9. <ruby>你<rt>nǐ</rt></ruby><ruby>喜<rt>xǐ</rt></ruby><ruby>欢<rt>huan</rt></ruby><ruby>画<rt>huà</rt></ruby><ruby>画<rt>huà</rt></ruby><ruby>儿<rt>huàr</rt></ruby><ruby>吗<rt>ma</rt></ruby>？

   <ruby>你<rt>nǐ</rt></ruby><ruby>会<rt>huì</rt></ruby><ruby>画<rt>huà</rt></ruby><ruby>什<rt>shén</rt></ruby><ruby>么<rt>me</rt></ruby><ruby>画<rt>huàr</rt></ruby><ruby>儿<rt></rt></ruby>？

10. <ruby>你<rt>nǐ</rt></ruby><ruby>画<rt>huà</rt></ruby><ruby>过<rt>guo</rt></ruby><ruby>国<rt>guó</rt></ruby><ruby>画<rt>huàr</rt></ruby><ruby>儿<rt></rt></ruby><ruby>吗<rt>ma</rt></ruby>？

11. <ruby>你<rt>nǐ</rt></ruby><ruby>喜<rt>xǐ</rt></ruby><ruby>欢<rt>huan</rt></ruby><ruby>运<rt>yùn</rt></ruby><ruby>动<rt>dòng</rt></ruby><ruby>吗<rt>ma</rt></ruby>？<ruby>喜<rt>xǐ</rt></ruby><ruby>欢<rt>huan</rt></ruby><ruby>什<rt>shén</rt></ruby><ruby>么<rt>me</rt></ruby><ruby>运<rt>yùn</rt></ruby><ruby>动<rt>dòng</rt></ruby>？

9 Learn the simple characters.

<ruby>夕<rt>xī</rt></ruby> sunset	<ruby>心<rt>xīn</rt></ruby> heart	<ruby>目<rt>mù</rt></ruby> eye	<ruby>方<rt>fāng</rt></ruby> square

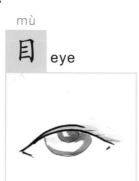
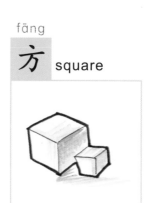

wǒ bú tài xǐ huan yùn dòng　dàn shì wǒ
我不太喜欢运动，但是我
xǐ huan yóu yǒng　　nǐ xǐ huan yùn dòng ma
喜欢游泳。你喜欢运动吗?

wǒ hěn xǐ huan yùn dòng　wǒ hái xǐ huan
我很喜欢运动。我还喜欢
kàn diàn shì　　kàn diàn yǐng
看电视、看电影。

nǐ xǐ huan kàn shén me diàn shì jié mù
你喜欢看什么电视节目?

wǒ xǐ huan kàn tǐ yù jié mù
我喜欢看体育节目。

nǐ jīng cháng kàn diàn yǐng ma
你经常看电影吗?

wǒ chà bu duō měi ge zhōu mò dōu kàn
我差不多每个周末都看。

NEW WORDS

1. 太 tài too
2. 但 dàn but
   但是 dàn shì but
3. 视(視) shì look; view
   电视 diàn shì TV
4. 影 yǐng shadow; film
   电影 diàn yǐng movie
5. 节(節) jié festival; measure word
   节目 jié mù programme
6. 差不多 chà bu duō almost
7. 周 zhōu week
8. 末 mò end
   周末 zhōu mò weekend

10 Say one sentence about each picture. Then do the activity.

Example

他正在打网球。

1

2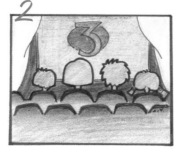

3

4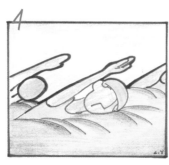

5

6

7

Example

走路	打网球	睡觉
唱歌	看杂志	游泳
跑步	打电话	弹钢琴
开车	看电视	画画儿

INSTRUCTIONS

1 | The class is divided into two groups.

2 | When the teacher says a phrase, one member of the group in turn is expected to act accordingly.

3 | The person who acts accordingly gains one point.

11 Interview your partner.

QUESTIONS	很喜欢	喜欢	不太喜欢	不喜欢
1. 你喜欢看小说吗?	▨			▨
2. 你喜欢看杂志吗?			▨	
3. 你喜欢看电视吗?	▨			
4. 你喜欢看电影吗?		▨		
5. 你喜欢运动吗?			▨	▨
6. 你喜欢唱歌吗?	▨			
7. 你喜欢画画儿吗?			▨	
8. 你喜欢弹钢琴吗?		▨		
9. 你喜欢跑步吗?	▨			▨
10. 你喜欢游泳吗?			▨	
11. 你喜欢打网球吗?	▨			

Report to the class:

他很喜欢看小说。他……

12 Activity.

Example

游	周	运	跑
节	电	网	喜

INSTRUCTIONS

1 The class is divided into small groups.

2 Each group is asked to add one word to form a phrase. The students may write characters if they can, otherwise write pinyin.

3 The group, which gets the most phrases correctly, wins the activity.

77

*13 Make a dialogue with your partner.

≪ Sample questions:

nǐ xǐ huan yùn dòng ma　xǐ huan shén me yùn dòng
1. 你喜欢运动吗？喜欢什么运动？

nǐ měi ge zhōu mò dōu qù kàn diàn yǐng ma
2. 你每个周末都去看电影吗？

nǐ měi tiān dōu tīng yīn yuè ma
3. 你每天都听音乐吗？

nǐ měi tiān dōu kàn diàn shì ma　xǐ huan kàn shén me jié mù
4. 你每天都看电视吗？喜欢看什么节目？

nǐ huì tán gāng qín ma
5. 你会弹钢琴吗？

nǐ huì huà huàr ma　xǐ huan huà shén me huàr
6. 你会画画儿吗？喜欢画什么画儿？

. . . .

Words for Reference
jīng cháng cháng cháng a) 经常/常常
chà bu duō b) 差不多
měi ge zhōu mò c) 每个周末
gēn　　yì qǐ d) 跟…一起
dàn shì e) 但是
hěn xǐ huan f) 很喜欢
bú tài xǐ huan g) 不太喜欢
huì h) 会
bú tài huì i) 不太会

Report to the class:

他很喜欢运动。他喜欢……

*14 Listen and choose the right answers.

1 美文周末去__。	a 看电视 b 看电影 c 看看书

2 冬冬正在____。	a 画画儿 b 看书 c 看电视

3 小天要去____。	a 打网球 b 跑步 c 游泳

4 小明夏天____。	a 运动 b 游泳 c 跑步

5 大生今天有__。	a 钢琴课 b 油画儿课 c 游泳课

6 大年爱看____。	a 电影 b 音乐节目 c 地理节目

15 Make sentences as the example shows.

Example

Britain	USA	Japan
✓	✓	✗

我去过英国和美国，但是没去过日本。

1

Chinese	English	French
✓	✓	✗

2

cough	headache	fever
✓	✓	✗

3

spring	summer	winter
✓	✓	✗

4

maths	history	computing
✓	✓	✗

5

oil painting	water-colour	Chinese painting
✓	✓	✗

6

elder brother	younger sister	younger brother
✓	✓	✗

16 Rewrite the sentences.

常常　　差不多

1. 我常常看电视。→　我差不多每天晚上都看电视。

2. 爸爸常常跑步。→

3. 哥哥常常打网球。→

4. 英国春天常常下雨。→

5. 香港夏天气温常常在三十度以上。→

It is your turn!

Make four sentences with "差不多"

Unit 3

Text 1

nǐ hǎo　wǒ jiào huān huan　chú le yīn yuè yǐ wài　wǒ
你好！我叫欢欢。除了音乐以外，我

hái xǐ huan wǔ dǎo　wǒ cóng sì
还喜欢舞蹈。我从四

suì kāi shǐ xué tiào wǔ　wǒ měi
岁开始学跳舞。我每

ge xīng qī èr　xīng qī sì tiào
个星期二、星期四跳

liǎng ge xiǎo shí wǔ　wǒ cóng liù
两个小时舞。我从六

suì kāi shǐ lā xiǎo tí qín　wǒ
岁开始拉小提琴。我

měi tiān lā sì shí wǔ fēn zhōng xiǎo
每天拉四十五分钟小

tí qín
提琴。

NEW WORDS

1. chú 除 besides
   chú le yǐ wài 除了…以外 besides
2. wǔ 舞 dance
3. dǎo 蹈 skip
   wǔ dǎo 舞蹈 dance

4. cóng 从(從) from
5. shǐ 始 begin
   kāi shǐ 开始 start
6. tiào 跳 jump
   tiào wǔ 跳舞 dance

7. lā 拉 pull; play (a certain musical instrument)
8. tí 提 carry with one hand; lift
   xiǎo tí qín 小提琴 violin
   lā xiǎo tí qín 拉小提琴 play the violin

80

1 Activity.

INSTRUCTIONS

1 | The class is divided into small groups.

2 | Each group is asked to memorize the radicals listed on the left. Then the teacher gives a dictation on those radicals.

3 | The group writing more correct radicals than any other group wins the activity.

2 Draw your own picture and then describe it.

Example

■ 公园里有很多人。有的人在跑步，有的人在打网球，有的人在跳舞，有的人在拉小提琴，有的人坐在草地上看书，有的人在听音乐，还有的人在长椅上睡觉。

3 Say one sentence about each picture.

Example

他正在跑步。

1

2

3

4

5

6

7

8

9

4 Oral presentation.

Example

我从一岁开始走路，一岁半开始说话。我从三岁开始学汉语，四岁半开始弹钢琴，五岁开始跳舞。我六岁开始上小学一年级，七岁开始拉小提琴⋯⋯⋯

It is your turn!

Talk about yourself.

5 Listen and add vowels with tonal marks.

1 t___l___   **2** z___z___   **3** z___sh___

4 s___s___   **5** sh___h___   **6** sh___s___

> **Practice Focus**
>
> ou uo

6 Translate from English to Chinese.

1 Besides dancing, she likes drawing.

2 Besides watching TV, he likes watching movies.

3 Besides English, she can speak Chinese.

> **NOTE**
>
> 除了……以外，……
> means "besides or except", e.g.
> 除了打球以外，他还喜欢音乐。

4 Besides sports, he likes music.

5 Besides reading, she likes singing.

6 Besides swimming, he likes jogging.

7 Besides maths, he likes history and geography.

7 Listen and choose the right answers.

1. 冬冬	
2. 小文	
3. 大生	
4. 王星	
5. 小明	
6. 小天	

A 看电影   E 唱歌   I 看杂志

B 看电视   F 弹钢琴   J 画画儿

C 游泳   G 听音乐   K 打篮球

D 跑步   H 读书   L 跳舞

83

8 Make a sentence with each group of words/phrases given.

1. 拉小提琴　一个半小时 → 他每天拉一个半小时小提琴。

2. 除了……以外，……　舞蹈 → _____

3. 从……开始　跳舞 → _____

4. 跟……一起　打网球 → _____

5. 每个周末　看电影 → _____

6. 不太喜欢　看杂志 → _____

7. 差不多　做作业 → _____

8. 一边……一边……　走路 → _____

9. 带　看医生 → _____

10. 想　上大学 → _____

9 Learn the simple characters.

píng	tǔ	jiǎo	yè
平 flat; smooth	土 soil	角 horn	页 page

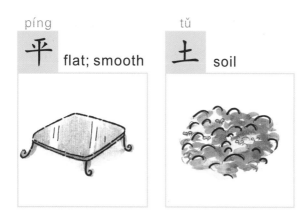

你好！大生在家吗？
nǐ hǎo dà shēng zài jiā ma

我就是。
wǒ jiù shì

你在干什么呢？
nǐ zài gàn shén me ne

我在一边做作业一边玩儿电脑游戏呢。
wǒ zài yì biān zuò zuò yè yì biān wánr diàn nǎo yóu xì ne

我们一起去打篮球吧！
wǒ men yì qǐ qù dǎ lán qiú ba

好。什么时候去？
hǎo shén me shí hou qù

下午四点，好吗？
xià wǔ sì diǎn hǎo ma

可以。我们四点在球场上见！
kě yǐ wǒ men sì diǎn zài qiú chǎng shang jiàn

好吧。一会儿见！
hǎo ba yí huìr jiàn

1. 就 jiù just; exactly
2. 干(幹) gàn do
   干什么 gàn shén me what to do
*3. 呢 ne indicate continuation of an action
4. 业(業) yè profession
   作业 zuò yè homework
   做作业 zuò zuò yè do one's homework

5. 玩 wán play
6. 游戏 yóu xì game
   电脑游戏 diàn nǎo yóu xì computer game
7. 篮(籃) lán basket
   篮球 lán qiú basketball
   打篮球 dǎ lán qiú play basketball
8. 吧 ba particle

9. 什么时候 shén me shí hou what time
10. 可 kě agree
    可以 kě yǐ fine
11. 场(場) chǎng a place where people gather
    球场 qiú chǎng ground or court for ball games

10 Ask your classmates the following questions.

1. 你昨天上午十点在干什么呢?

2. 你昨晚八点在干什么呢?

3. 你今天早上七点在干什么呢?

4. 你今天中午十二点半在干什么呢?

5. 你现在在干什么呢?

6. 你今晚想干什么?

7. 这个周末你想干什么?

8. 今年夏天你想干什么?

NOTE

(正)在……呢 indicates continuation of an action, e.g.

我(正)在做作业呢。

11 Activity.

Example

舞蹈	开始
钢琴	游泳

INSTRUCTIONS

1 | The whole class may join the activity.

2 | The teacher prepares 10-15 cards with phrases written on each of them. One student chosen picks up the card when the teacher shouts out the phrase.

3 | Those students, who pick up the wrong phrase, are out of the activity.

12 Make dialogues with your classmates.

Example

A: 我们一起去看电影吧!

B: 好。什么时候去?

A: 下午四点。

B: 可以。我们在哪儿见?

A: 你来我家。我们坐公共汽车去，好吗?

B: 可以。一会儿见!

> **NOTE**
>
> 吧 is a particle used to express a request, consultation or proposal, e.g.
>
> 我们一起去游泳吧。

Extra Words			
a) 打排球	b) 打篮球	c) 打羽毛球	d) 打乒乓球
e) 踢足球	f) 买东西	g) 唱卡拉ok	h) 打高尔夫球
i) 逛街	j) 滑冰	k) 滑雪	

13 Listen and match.

45

_____ 1 大生   a) 明天早上不会去跑步。

_____ 2 小明   b) 正在做作业。

_____ 3 王星   c) 三点半去跳舞。

_____ 4 美美   d) 正在看书。

_____ 5 京京   e) 星期天下午要去打网球。

_____ 6 小天   f) 五点学游泳。

14 Make a dialogue with your partner.

» Sample questions:

1. 你早上几点起床?

2. 你几点吃早饭?

3. 你几点去上学? 你怎么上学?

4. 你们几点开始上课?

5. 你什么时候吃午饭?

6. 你下午几点回家?

7. 你从几点开始做作业?

8. 你晚上看电视吗? 看什么节目?

9. 你看几个小时电视?

10. 你几点睡觉?

NOTE

什么时候 means "when". The answer to the question can be year, month, week day or hour. 几点 means "what time". The answer to the question can only be hour.

ⓐ A: 你什么时候去北京?
　 B: 三月五号。

ⓑ A: 你什么时候去学校?
　 B: 今晚七点。

ⓒ A: 你几点来我家?
　 B: 下午三点。

15 Activity.

① 寸	② 米	③ 足	④ 木	⑤ 斗
⑥ 力	⑦ 青	⑧ 立	⑨ 矢	⑩ 皿
⑪ 巾	⑫ 旦	⑬ 舌	⑭ 瓜	⑮ 羊
⑯ 禾	⑰ 弓	⑱ 角	⑲ 包	⑳ 止
㉑ 士	㉒ 豆	㉓ 夕	㉔ 心	㉕ 头

INSTRUCTIONS

1 The class is divided into small groups.

2 Each group is asked to memorize the simple characters listed on the left. Then the teacher gives a dictation on those characters.

3 The group writing more correct characters than any other group wins the activity.

°16 Write captions for the pictures.

Example

1.

他从昨天晚上
开始不舒服。

2.

他头痛、咳嗽，
还发烧。

3.

他早上九点去
看医生了。

4.

现在他在家里
休息。

It is your turn!

°17 Role play.

Example

A: 你从几岁开始打篮球?

B: 五岁半。

A: 你每天都打篮球吗?

B: 差不多一天打五六
个小时。

A: 除了篮球，你还喜
欢什么运动?

B: 我还喜欢打网球和跑步。

运动员

INSTRUCTIONS

Suppose you are a
journalist and you
are interviewing a
famous person.

钢琴家

画家

电影明星

Text 1 46

nǐ xǐ huan chī shū cài ma
你喜欢吃蔬菜吗?

wǒ fēi cháng xǐ huan chī
我非常喜欢吃。

nǐ xǐ huan chī shén me shū cài
你喜欢吃什么蔬菜?

wǒ xǐ huan chī huáng guā cài huār tǔ dòu
我喜欢吃黄瓜、菜花儿、土豆、
shēng cài xī hóng shì děng děng nǐ ne
生菜、西红柿等等。你呢?

wǒ bú tài xǐ huan chī kě shì wǒ mā ma
我不太喜欢吃。可是我妈妈
shuō wǒ yīng gāi měi tiān chī shū cài
说我应该每天吃蔬菜。

NEW WORDS

1. shū 蔬 vegetables
   cài 菜 vegetable; dish
   shū cài 蔬菜 vegetables
   shēng cài 生菜 lettuce
3. fēi 非 wrong; not
   fēi cháng 非常 very; extremely

4. huáng guā 黄瓜 cucumber
5. huā 花 flower
   cài huār 菜花儿 cauliflower
6. tǔ dòu 土豆 potato
7. shì 柿 persimmon
   xī hóng shì 西红柿 tomato

* 8. děng 等 etc.
   děng děng 等等 etc.
9. kě shì 可是 but
10. yīng 应(應) should
11. gāi 该(該) should
    yīng gāi 应该 should

90

1 Say the following in Chinese.

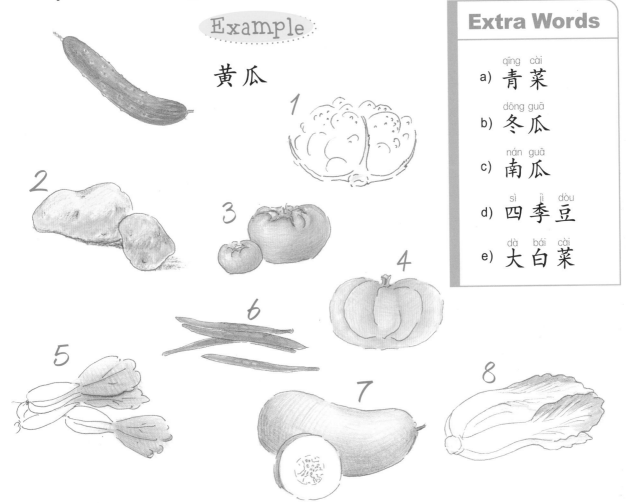

Example
黄瓜

Extra Words

qīng cài
a) 青菜

dōng guā
b) 冬瓜

nán guā
c) 南瓜

sì jì dòu
d) 四季豆

dà bái cài
e) 大白菜

2 Complete the sentences.

1. 今天很冷，你应该 ___穿大衣。___

2. 北京现在是冬天，你应该 _____

3. 妈妈说我应该 _____

4. 不要看电视了，你应该 _____

5. 周末你应该 _____

It is your turn!

Make four sentences with "应该".

91

3 Make a dialogue with your partner.

《 Sample questions:

1. 你叫什么名字？你是哪国人？

2. 你今年多大了？你上几年级？

3. 你有什么爱好？

4. 你喜欢运动吗？喜欢什么运动？
   你每天做几个小时运动？

5. 你喜欢画画儿吗？
   你会画什么画儿？

6. 你每天晚上都做作业吗？
   做几个小时作业？

Words for Reference
a) 最喜欢 (zuì xǐ huan)
b) 非常喜欢 (fēi cháng xǐ huan)
c) 很喜欢 (hěn xǐ huan)
d) 不太喜欢 (bú tài xǐ huan)
e) 不喜欢 (bù xǐ huan)
f) 很会 (hěn huì)
g) 会 (huì)
h) 不太会 (bú tài huì)
i) 不会 (bú huì)

4 Listen and choose the right answers.

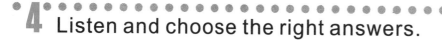

1 美文应该每天____。　a) 吃蔬菜　b) 弹钢琴　c) 画画儿

2 小明应该每天____。　a) 拉小提琴　b) 说汉语　c) 弹钢琴

3 大生应该每天____。　a) 做作业　b) 读书　c) 跑步

4 京京差不多每天吃__。　a) 菜花儿　b) 生菜　c) 西红柿

5 东东不应该一边做作业一边____。　a) 唱歌　b) 看电视　c) 听音乐

6 他妈妈不应该一边开车一边____。　a) 睡觉　b) 打电话　c) 看杂志

Activity.

Example

跑步	游泳	听音乐	打篮球
吃饭	唱歌	弹钢琴	看电视
洗澡	睡觉	打网球	画画儿
跳舞	跳高	穿衣服	拉小提琴

INSTRUCTIONS

1 The class is divided into two teams.

2 When the teacher says a phrase, one member of the team in turn is expected to act accordingly.

3 The person who acts accordingly gains one point.

•6• Listen and add tonal marks to the pinyin. 48

1 jiejue 2 xiejue 3 queqie

4 jielüe 5 juelie 6 jieyue

Practice Focus

ie üe

•7• Complete the sentences.

1. 我不太喜欢运动，可是 | 我喜欢游泳。 |

2. 我不太喜欢看电视，可是

3. 我不太喜欢做作业，可是

4. 我不太喜欢吃蔬菜，可是

5. 我不太喜欢坐车，可是

6. 我不太喜欢上学，可是

7. 我不太喜欢音乐，可是

8 Project.

Learn to say six more vegetables:

1 _____   2 _____   3 _____

4 _____   5 _____   6 _____

INSTRUCTIONS

Draw the vegetables in the super-market near your home, and label them in Chinese.

9 Learn the simple characters.

shí

食 food

guǒ

果 fruit

qiàn

欠 owe

shí

石 stone

nǐ xǐ huan chī shén me shuǐ guǒ
你喜欢吃什么水果?

píng guǒ   xiāng jiāo   jú zi
苹果、香蕉、橘子,
wǒ dōu xǐ huan chī
我都喜欢吃。

wǒ bù xǐ huan chī zhè xiē shuǐ guǒ
我不喜欢吃这些水果。
wǒ xǐ huan chī xī guā hé lí
我喜欢吃西瓜和梨。

nǐ měi tiān dōu chī shuǐ guǒ ma
你每天都吃水果吗?

wǒ měi tiān dōu chī liǎng
我每天都吃两
sān zhǒng shuǐ guǒ
三种水果。

NEW WORDS

shuǐ guǒ
1. 水果 fruit

píng   guǒ
2. 苹(蘋)果 apple

xiāng
3. 香 fragrant

jiāo
4. 蕉 broadleaf plants

xiāng jiāo
香蕉 banana

jú
5. 橘 tangerine

jú zi
橘子 tangerine

xiē
6. 些 some

zhè xiē
这些 these

xǐ guā
7. 西瓜 watermelon

lí
8. 梨 pear

zhǒng
9. 种(種) kind; type

95

● 10 Say the following in Chinese.

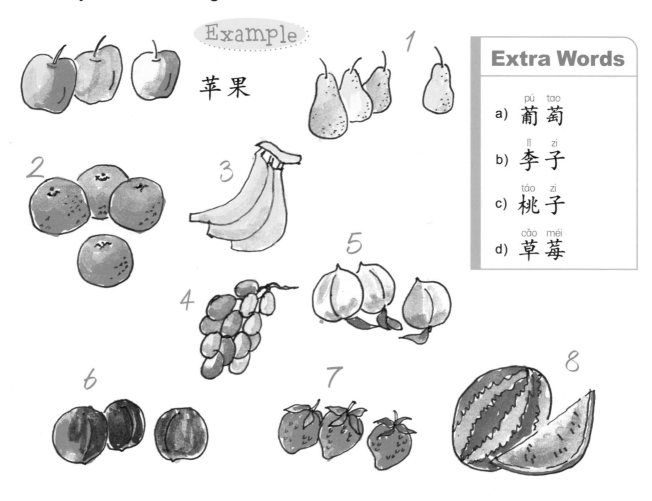

Example

苹果

1

Extra Words

a) 葡萄 (pú tao)

b) 李子 (lǐ zi)

c) 桃子 (táo zi)

d) 草莓 (cǎo méi)

● 11 Make a dialogue with your partner.

《 Sample questions:

1. 你会说几种语言？什么语言？

2. 你喜欢几种运动？什么运动？

3. 你看几种杂志？什么杂志？

4. 你会画几种画儿？什么画儿？

5. 你每天吃几种蔬菜？你喜欢吃什么蔬菜？

6. 你每天吃几种水果？你喜欢吃什么水果？

12 Activity.

① 寸	② 米	③ 足	④ 木	⑤ 斗	⑥ 力
⑦ 青	⑧ 立	⑨ 矢	⑩ 皿	⑪ 巾	⑫ 水
⑬ 舌	⑭ 瓜	⑮ 羊	⑯ 禾	⑰ 弓	⑱ 田
⑲ 自	⑳ 己	㉑ 包	㉒ 止	㉓ 士	㉔ 豆
㉕ 夕	㉖ 心	㉗ 目	㉘ 方	㉙ 平	㉚ 土
㉛ 角	㉜ 页	㉝ 食	㉞ 果	㉟ 欠	㊱ 石

INSTRUCTIONS

1 The class is divided into small groups.

2 Each group is asked to memorize the simple characters listed in the box. Then the teacher gives a dictation on those characters.

3 The group writing more correct characters than any other group wins the activity.

13 Match the two parts of a sentence.

___ ① 他会说   a) 八九门课。

___ ② 她今年学了   b) 三四个小时的车。

___ ③ 妈妈打了   c) 两三种语言。

___ ④ 爸爸开了   d) 四五天。

___ ⑤ 弟弟在家休息了   e) 一两个小时的电话。

___ ⑥ 他学了   f) 三四种水果。

___ ⑦ 姐姐每天吃   g) 一两个小时的钢琴。

___ ⑧ 哥哥每天看   h) 五六年的油画儿。

___ ⑨ 妹妹每天弹   i) 一两个小时的电视。

14 Listen and match.

___ 1 大生　　a) 每天看一两个小时的电视。

___ 2 小明　　b) 去过七八个国家。

___ 3 美美　　c) 三四天没去游泳了。

___ 4 冬冬　　d) 每个周末画两三个小时画儿。

___ 5 王星　　e) 每天吃四五种蔬菜、水果。

___ 6 小英　　f) 病了两三天。

15 Translate from Chinese to English. Write four more sentences.

1. 妈妈说我不应该看太多电视。

2. 老师说我们应该多说汉语。

3. 医生说我们应该每天吃蔬菜、水果，
还要做运动。

4. 爸爸说他今天不回家吃晚饭。

5. _____

6. _____

7. _____

8. _____

16 Make dialogues with your classmates.

Example

A: 这些小说是你的吗?

B: 不是我的。

A: 那是谁的?

B: 是小明的。

a) 小说   e) 网球

b) 杂志   f) 短裤

c) 小人书   g) 汗衫

d) 画儿   h) 衣服

17 Activity.

INSTRUCTIONS

1 | The class is divided into small groups.

2 | Each group is asked to add one word to form a phrase. The students may write characters if they can, otherwise write pinyin.

3 | The group, which writes the most phrases correctly, wins the activity.

1. 年 _级_   2. 电 _____   3. 号 _____   4. 多 _____   5. 学 _____

6. 中 _____   7. 秘 _____   8. 下 _____   9. 上 _____   10. 走 _____

11. 地 _____   12. 蓝 _____   13. 校 _____   14. 长 _____   15. 汗 _____

16. 毛 _____   17. 喜 _____   18. 起 _____   19. 早 _____   20. 火 _____

Lesson 11   Three Meals a Day   一日三餐

Text 1

nǐ xǐ huan chī zhōng cān hái shi xī cān
你喜欢吃中餐还是西餐?

wǒ liǎng zhǒng dōu xǐ huan chī
我两种都喜欢吃。

nǐ xǐ huan chī kuài cān ma
你喜欢吃快餐吗?

yě xǐ huan   wǒ xǐ huan chī rè gǒu
也喜欢。我喜欢吃热狗、
hàn bǎo bāo hé bǐ sà bǐng
汉堡包和比萨饼。

nǐ xǐ huan hē shén me yǐn liào
你喜欢喝什么饮料?

wǒ xǐ huan hē kě lè hé qì shuǐ
我喜欢喝可乐和汽水。

NEW WORDS

1. 餐 cān food; meal
   中餐 zhōng cān Chinese food
   西餐 xī cān western food
2. 还是 hái shi or
3. 快 kuài fast; quick
   快餐 kuài cān fast food

4. 狗 gǒu dog
   热狗 rè gǒu hot dog
5. 汉堡包 hàn bǎo bāo hamburger
6. 饼(餅) bǐng round flat cake
   比萨(薩)饼 bǐ sà bǐng pizza
7. 喝 hē drink

8. 饮(飲) yǐn drink
9. 料 liào material
   饮料 yǐn liào drink; beverage
10. 可乐 kě lè coke
11. 汽水 qì shuǐ soda water

1 Say the following in Chinese.

Example

热狗

Extra Words

a) 薯条 *shǔ tiáo*

b) 苹果派 *píng guǒ pài*

c) 沙拉 *shā lā*

d) 咖啡 *kā fēi*

2 List your food and drinks and then report to the class.

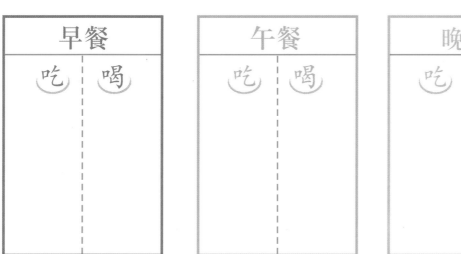

早餐	
吃	喝

午餐	
吃	喝

晚餐	
吃	喝

我早饭一般吃……，喝……。我午饭通常吃……，喝……。我晚饭……

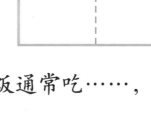

3 Listen and fill in the vowels with tonal marks.

1 j＿＿y＿＿   2 q＿＿y＿＿   3 x＿＿j＿＿

4 q＿＿l＿＿   5 q＿＿q＿＿   6 j＿＿y＿＿

Practice Focus

ie üe

4 Ask your partner the following questions.

1. 你喜欢走路还是坐车?

2. 你想做老师还是商人?

3. 你喜欢穿长裤还是短裤?

4. 你喜欢冬天还是夏天?

5. 你喜欢下雨天还是晴天?

6. 你喜欢唱歌还是跳舞?

7. 你喜欢画画儿还是弹琴?

8. 你喜欢游泳还是跑步?

9. 你喜欢看电视还是看电影?

10. 你喜欢吃蔬菜还是吃水果?

11. 你喜欢吃西餐还是吃中餐?

12. 你喜欢英语还是法语?

NOTE

还是 means "or", which is used in questions, e.g.

A: 你喜欢穿裤子还是裙子?

B: 我喜欢穿裙子。

Sentences for Reference

a)
zhè liǎng ge wǒ dōu xǐ huan
这两个我都喜欢。

b)
rè gǒu   hàn bǎo bāo   wǒ
热狗、汉堡包，我
dōu bù xǐ huan
都不喜欢。

c)
wǒ bù xǐ huan hē kě lè
我不喜欢喝可乐，
dàn shì wǒ xǐ huan hē qì shuǐ
但是我喜欢喝汽水。

102

5 Make a similar dialogue with your partner.

Example

我们一起去吃午饭吧!

那太好了!

你想吃西餐还是中餐?

我想吃快餐。

你想吃汉堡包还是比萨饼?

我想吃汉堡包。

你想喝可乐还是汽水?

汽水。

6 Complete the sentences.

1. 我喜欢一边做作业一边听音乐。

2. 我喜欢一边_____

3. 我喜欢 _____

4. 我喜欢 _____

5. 我不喜欢_____

6. 我不喜欢 _____

7 Listen and tick the right answers.

1	a) 蔬菜 b) 水果 c) 吃饭	2	a) 水果 b) 周末 c) 蔬菜	3	a) 西餐 b) 蔬菜 c) 水果
4	a) 打球 b) 游泳 c) 跑步	5	a) 爱好 b) 下雨 c) 冬天	6	a) 颜色 b) 画画儿 c) 语言

8 Project.

INSTRUCTIONS

Design a menu for a fast-food restaurant. It should include:
- name of the restaurant
- types of food
- types of drinks
- address
- telephone number
- e-mail address
- website

9 Learn the simple characters.

chóng 虫 insect

bèi 贝 shell

dāo 刀 knife

chā 叉 fork

104

54

wǒ men quán jiā rén dōu xǐ huan chī zhōng cān
我们全家人都喜欢吃中餐。

zǎo cān wǒ men yì bān
早餐我们一般

chī zhōu huò zhě miàn tiáo
吃粥或者面条。

wǒ men wǔ fàn chī chǎo miàn huò zhě bāo zi
我们午饭吃炒面或者包子。

wǒ men wǎn fàn yì bān chī
我们晚饭一般吃

mǐ fàn chǎo cài
米饭、炒菜。

wǒ men jiā zhōu mò yǒu
我们家周末有

shí hou qù fàn diàn chī
时候去饭店吃

fàn wǒ men xià ge
饭。我们下个

zhōu mò huì qù yì jiā
周末会去一家

běi jīng fàn diàn chī fàn
北京饭店吃饭。

NEW WORDS

quán
1. 全 whole

zǎo cān
2. 早餐 breakfast

bān
3. 般 sort; kind

yì bān
一般 normally

zhōu
4. 粥 porridge; congee

huò
5. 或 or

zhě
6. 者 person or thing

huò zhě
或者 or

miàn
7. 面(麵) flour; measure word

tiáo
8. 条(條) stripe; measure word

miàn tiáo
面条 noodles

wǔ fàn
9. 午饭 lunch

chǎo
10. 炒 stir-fry

chǎo miàn
炒面 stir-fried noodles

chǎo cài
炒菜 fried dishes

bāo zi
11. 包子 steamed stuffed bun

wǎn fàn
12. 晚饭 dinner

mǐ fàn
13. 米饭 cooked rice

diàn
14. 店 shop; store

fàn diàn
饭店 restaurant

chī fàn
15. 吃饭 eat a meal

huì
*16. 会 be likely to

105

10 Say the following in Chinese.

Example

粥

Extra Words

a) chūn juǎn 春卷

b) hún tun 馄饨

c) jiǎo zi 饺子

d) xiǎo lóng bāo 小笼包

e) shēng jiān bāo 生煎包

f) dòu jiāng 豆浆

11 Add a noun to form a phrase.

1 吃饭　　2 喝　　　3 上　　　4 做

5 打　　　6 弹　　　7 拉　　　8 看

9 画　　　10 说　　　11 开　　　12 穿

12 Make sentences with "或者".

1. 我们	晚饭吃面条或者炒饭。
2.	
3.	
4.	
5.	
6.	

NOTE

或者 means "or", which is often used in statements, e.g.

我晚饭一般吃米饭或者面条。

13 Oral presentation.

Example

我早上一般六点三刻起床。我早饭一般吃面包，喝牛奶。我午饭一般吃……我周末喜欢跟朋友一起去看电影。我喜欢……

≪ Sample questions:

1. 你早上一般几点起床？

2. 你早饭一般吃什么？

3. 午饭和晚饭你一般吃什么？

4. 你周末一般做什么？

5. 你有什么爱好？

6. 你喜欢运动吗？

· · · · · ·

55

14 Listen and tick the right answers.

<table>
<tr><td>

1
a) 游泳
b) 吃饭
c) 跑步

</td><td>

2
a) 晚餐
b) 汉堡包
c) 早餐

</td><td>

3
a) 坐出租车
b) 坐校车
c) 走路

</td></tr>
<tr><td>

4
a) 英语
b) 西班牙语
c) 日语

</td><td>

5
a) 炒面
b) 粥
c) 包子

</td><td>

6
a) 可乐
b) 热水
c) 冷水

</td></tr>
</table>

15 Make sentences with "会".

1. 下雨：今天会下雨。

2. 回家：今晚爸爸不会回家。

3. 来：这个周末他不会来。

4. 去：今年夏天我会去法国。

5. 打电话：_____

6. 跑步：_____

7. 吃西餐：_____

8. 看电影：_____

> **NOTE**
>
> 会 means "be likely to", e.g.
> 今天不会下雪。

16 Activity.

Example

老师：汉堡包

学生1：热狗

学生2：比萨饼

INSTRUCTIONS

1 The whole class may join the activity.

2 The teacher names one item of a particular category and the students are expected to add more to it.

3 Those who do not add any or add wrong items are out of the activity.

17 Draw a series of pictures and then write captions.

1

我早上一般六点半起床。

2

我坐公共汽车或者电车上学。

3

我午饭吃中餐或者西餐。

4

晚上除了做作业以外，我还看电视或者看书。

It is your turn!

Unit 4

Lesson 12　Eating Out　外出就餐

Text 1 56

zhè xiē píng guǒ zěn me mài
这些苹果怎么卖？

shí kuài yuán qián sì ge
十块（元）钱四个。

xī guā duō shao qián yì jīn
西瓜多少钱一斤？

liǎng kuài wǔ yì jīn
两块五一斤。

wǒ mǎi sì ge píng guǒ　　yí ge xī guā
我买四个苹果、一个西瓜，
zài lái liǎng jīn jú zi　　yí gòng duō shao qián
再来两斤橘子。一共多少钱？

yí gòng sān shí kuài wǔ máo jiǎo wǔ fēn
一共三十块五毛（角）五（分）。

wǒ kě yǐ yòng rén mín bì ma
我可以用人民币吗？

kě yǐ
可以。

NEW WORDS

1. 卖（賣） mài sell

2. 块（塊） kuài measure word; a unit of money, yuan

3. 元 yuán a unit of money

4. 钱（錢） qián money

5. 斤 jīn ½ kilogram

6. 买（買） mǎi buy

*7. 共 gòng altogether
一共 yí gòng altogether

*8. 毛 máo 1/10 yuan

*9. 角 jiǎo 1/10 yuan

*10. 分 fēn 1/100 yuan

11. 用 yòng use

12. 民 mín the people
人民 rén mín the people

13. 币（幣） bì currency
人民币 rén mín bì RMB, Chinese currency

*14. 可以 kě yǐ can; may

110

1 Say the following in Chinese.

1   2   3

一毛(角)

> **NOTE**
>
> We usually use 块 instead of 元, and 毛 instead of 角 in oral Chinese, e.g.
>
> 五块 = 五元
> 三毛 = 三角

4   5

一块(元)

6   7

8   9

2 Listen and fill in the vowels with tonal marks. 🄬57

1 j_ _ x_ _   2 h_ _ t_ _   3 l_ _ d_ _

4 q_ _ l_ _   5 ch_ _ y_ _   6 sh _ _ x_ _

> **Practice Focus**
>
> un ün

111

3 Fill in the blanks with the measure words.

1. 三 口 人
2. 一 ___ 花
3. 一 ___ 电脑
4. 一 ___ 学校
5. 一 ___ 老师
6. 一 ___ 裙子
7. 一 ___ 白发
8. 一 ___ 裤子
9. 一 ___ 热狗
10. 一 ___ 苹果
11. 一 ___ 饭店
12. 一 ___ 电视

Measure Words

a) 口	e) 个
b) 家	f) 位
c) 头	g) 台
d) 朵	h) 条

4 Role play.

¥16.00/个

A：一个热狗多少钱？

B：十六块。

INSTRUCTIONS

A group of 3 or 4 students opens a stall to sell food, vegetables or fruits. You need to bring some food, vegetables and fruits to the class. Find some new measure words in the dictionary.

1

¥3.00/斤

2 ¥2.50/斤

3

¥10.00/五个

4 ¥60.00/个

5 Role play.

Example

zhè jiàn chèn shān duō shao qián
这件衬衫多少钱？

jiǔ shí wǔ kuài
九十五块。

wǒ bù xǐ huan lù sè de
我不喜欢绿色的。
nǐ men yǒu hóng sè de ma
你们有红色的吗？

yǒu   qǐng děng yi děng
有，请等一等。
zhè jiàn zěn me yàng
这件怎么样？

hěn hǎo   wǒ xiǎng mǎi liǎng jiàn
很好，我想买两件。
wǒ kě yǐ yòng rén mín bì ma
我可以用人民币吗？

kě yǐ
可以。

INSTRUCTIONS

A group of 3 or 4 students opens a clothing shop to sell the clothes listed on the right. You need to bring those clothes with price tags to school.

件	衬衫	长裤	条
	毛衣	短裤	
	大衣	长裙	
	外套	短裙	
	汗衫	牛仔裤	
	游泳衣	游泳裤	

113

6 Listen and tick the right answers.

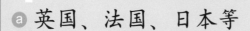

58

1
- ⓐ 英国、法国、日本等
- ⓑ 苹果、香蕉、梨等
- ⓒ 数学、地理、历史等

2
- ⓐ 不冷也不热
- ⓑ 零下五度左右
- ⓒ 有时候下雪

3
- ⓐ 下午去看医生了
- ⓑ 明天下午去游泳
- ⓒ 应该每天吃水果

4
- ⓐ 还喜欢吃蔬菜
- ⓑ 还会说汉语
- ⓒ 还喜欢画国画儿

5
- ⓐ 炒面、包子、面条等
- ⓑ 可乐、汽水等
- ⓒ 汉堡包、比萨饼等

6
- ⓐ 你打错电话了。
- ⓑ 小文一会儿回来。
- ⓒ 请等一等，我去叫她。

7 Learn the simple characters.

shī
尸 corpse

hù
户 household

gé
革 leather

dīng
丁 man

nǐ men jiā cháng qù fàn diàn chī fàn ma
你们家常去饭店吃饭吗？

chà bu duō měi liǎng xīng qī qù yí cì
差不多每两星期去一次。

nǐ men jīng cháng qù nǎ jiā fàn diàn chī fàn
你们经常去哪家饭店吃饭？

wǒ men jīng cháng qù yì jiā shàng hǎi fàn diàn chī fàn
我们经常去一家上海饭店吃饭。
tā men de fàn cài zuò de tè bié hǎo chī
他们的饭菜做得特别好吃。

nǐ men shàng ge zhōu mò qù le ma
你们上个周末去了吗？

qù le
去了。

nǐ men měi cì chī fàn dà gài yào huā duō shao qián
你们每次吃饭大概要花多少钱？

wǔ bǎi kuài zuǒ yòu bú suàn tài guì
五百块左右，不算太贵。

NEW WORDS

1. cì
    次 measure word for action
    yí cì
    一次 once

2. tè
    特 special

3. bié
    别 other

    tè bié
    特别 special; unusually

4. hǎo chī
    好吃 delicious

5. gài
    概 general

    dà gài
    大概 probably

* 6. huā
    花 spend

7. bǎi
    百 hundred

8. suàn
    算 regard as

9. guì
    贵(貴) expensive

115

8 Make similar dialogues with your partner.

Example

A: 这炒面怎么样？

B: 非常好吃。

Words for Reference

a) 特别好吃
_{tè bié hǎo chī}

b) 非常好吃
_{fēi cháng hǎo chī}

c) 很好吃
_{hěn hǎo chī}

d) 好吃
_{hǎo chī}

e) 不太好吃
_{bú tài hǎo chī}

f) 不好吃
_{bù hǎo chī}

g) 不错
_{bú cuò}

9 Ask your partner the following questions.

1. 你去过北京几次？ 一次也没有去过。

2. 你去过纽约几次？

3. 你去过巴黎几次？

4. 你去过伦敦几次？

5. 你去过东京几次？

10 Say one sentence about each picture.

Example

他跑步跑得很快。

Or: 他跑得很快。

1

2

3

4

5

6

11 Ask your partner the following questions.

1. 你每个月大概花多少钱买杂志?

2. 你每个月大概花多少钱买午饭?

3. 你每个月大概花多少钱买CD?

4. 你每个月大概花多少钱买电脑游戏?

5. 你每个月大概花多少钱买衣服?

12 Make a question with each of the question words.

1. 几： 你家有几口人？

2. 谁：_____

3. 什么：_____

4. 哪儿：_____

5. 怎么：_____

6. 怎么样：_____   7. 什么样：_____

13 Make similar sentences.

Example

我上个周末去打网球了。 | past tense |

我每个周末都去看电影。 | present tense |

我正在看电视呢。 | present continous tense |

我下个周末会/要去北京。 | future tense |

昨天	今天	明天	去朋友家	在家看书	看电视
去年	今年	明年	看电影	游泳	跑步
上个月	这个月	下个月	打篮球	画画儿	去饭店吃饭
上个星期	这个星期	下个星期	去上海	去美国	吃中餐

14 Listen and tick the right answers. 60

1 a) 黄瓜 b) 苹果 c) 西瓜	**2** a) 快餐 b) 中餐 c) 早餐	**3** a) 买水果 b) 打篮球 c) 看电视
4 a) 周末 b) 吃饭 c) 朋友	**5** a) 天气 b) 爱好 c) 家人	**6** a) 炒菜 b) 包子 c) 米饭

15 Describe one of your eating-out experiences.

Example

1

上个星期六我们全家人去饭店吃饭了。

2

我们去了一家上海饭店。

3

我们吃了炒菜、炒面、粥、饺子等等。

4

我们还喝了可乐和汽水。

5

我们一共花了两百多块，不算贵。

Example

菜花儿怎么卖？

三块一个。

土豆多少钱一斤？

一块五。

买一个菜花儿和一斤土豆。

一共四块五。

INSTRUCTIONS

A group of 3 or 4 students opens either a fresh market or a clothing shop to sell the following items.

黄瓜	¥1.20/斤
生菜	¥1.00/斤
西红柿	¥2.00/斤

苹果	¥10.00/四个
西瓜	¥1.20/斤
橘子	¥10.00/五个

牛仔裤	¥260.00/条
衬衫	¥150.00/件

毛衣	¥220.00/件
外套	¥200.00/件

17 Activity.

① 尸	② 户	③ 草	④ 丁	⑤ 贝
⑥ 虫	⑦ 叉	⑧ 食	⑨ 果	⑩ 欠
⑪ 平	⑫ 石	⑬ 角	⑭ 页	⑮ 舌
⑯ 瓜	⑰ 旦	⑱ 矢	⑲ 皿	⑳ 斗
㉑ 青	㉒ 立	㉓ 寸	㉔ 巾	㉕ 足

INSTRUCTIONS

1 The class is divided into small groups.

2 Each group is asked to memorize the simple characters listed in the box. Then the teacher gives a dictation on those characters.

3 The group writing more correct characters than any other group wins the activity.

18 Make a dialogue with your partner.

《 Sample questions:

1. 你晚饭吃了吗?

   你吃了什么?

2. 你们家谁做晚饭?

   你会做饭吗?

3. 你喜欢吃蔬菜吗? 你喜欢吃什么蔬菜?

4. 你喜欢吃水果吗? 你喜欢吃什么水果?

5. 你喜欢吃中餐吗? 喜欢吃什么中餐?

6. 你喜欢吃西餐吗? 喜欢吃什么西餐?

7. 你喜欢吃快餐吗? 喜欢吃什么?

   你一星期吃几次快餐?

Lesson 13　House　房子

Text 1 61

wǒ jiā de fáng zi yǒu liǎng céng　lóu shàng yǒu sān jiān wò shì　yí ge
我家的房子有两层。楼上有三间卧室、一个

shū fáng hé yí ge yù shì xǐ zǎo jiān　lóu xià yǒu
书房和一个浴室(洗澡间)，楼下有

kè tīng　cān tīng　chú fáng hé
客厅、餐厅、厨房和

xǐ shǒu jiān　wǒ de fáng jiān
洗手间。我的房间

zài lóu shàng　wǒ tè bié
在楼上。我特别

xǐ huan wǒ de fáng jiān
喜欢我的房间。

NEW WORDS

fáng
1. 房　house

fáng zi
房子　house

shū fáng
书房　study room

céng
2. 层(層)　layer; storey

lóu
3. 楼(樓)　floor; multi-storied building

lóu shàng
楼上　upstairs

lóu xià
楼下　downstairs

jiān
4. 间(間)　between; room; measure word

fáng jiān
房间　room

wò
5. 卧　lie

shì
6. 室　room

wò shì
卧室　bedroom

yù
7. 浴　have a bath

yù shì
浴室　bathroom

xǐ
8. 洗　wash; bathe

xǐ shǒu jiān
洗手间　toilet

zǎo
9. 澡　bath

xǐ zǎo
洗澡　bathe

xǐ zǎo jiān
洗澡间　bathroom

tīng
10. 厅(廳)　hall

kè tīng
客厅　living room

cān tīng
餐厅　dining room

chú
11. 厨(廚)　kitchen

chú fáng
厨房　kitchen

1 Listen and write down the pinyin with tonal marks.

| 1 _____ | 2 _____ | 3 _____ |
| 4 _____ | 5 _____ | 6 _____ |

2 Say one sentence about each person.

Example

他在房间里
打电话。

3 Describe the picture.

Extra Words

a) 沙发 (shā fā)

b) 椅子 (yǐ zi)

c) 书架 (shū jià)

d) 杯子 (bēi zi)

e) 牙刷 (yá shuā)

f) 相框 (xiàng kuàng)

g) 咖啡桌 (kā fēi zhuō)

Example

电视机在
地上。

NOTE

1) 在 indicates where a person or thing is, e.g.
   我的卧室在楼上。

2) 有 means "there is / are", e.g.
   楼上有三间卧室。

4 Listen and tick the right answers.

1

A	a) 两间卧室	b) 三间卧室，没有书房	c) 一间卧室
B	a) 两个浴室，一个洗手间	b) 一个浴室	c) 三个浴室
C	a) 客厅特别大	b) 餐厅很大	c) 客厅不大也不小

2

A	a) 四间卧室	b) 五间卧室	c) 三间卧室
B	a) 四个浴室	b) 三个浴室	c) 两个浴室，两个洗手间
C	a) 卧室不算大	b) 客厅特别大	c) 客厅不算小

5 Project.

INSTRUCTIONS

Design a multi-storied house for your "home" with the following rooms:

- 两间卧室
- 一个客房
- 一个浴室
- 一个洗手间
- 一个书房
- 一个客厅、一个餐厅
- 一个正门、一个后门

Report to the class:

这是我家的房子。我家的房子有两层。我家有一个正门和一个后门。楼上有……

6 Ask your classmates the following questions.

1. 你家的房子有几层？
2. 你家有几间卧室？
3. 客厅在几楼？
4. 厨房在楼上还是楼下？
5. 你家有书房吗？有几个？
6. 你的卧室在几楼？
7. 你爸爸、妈妈的卧室大还是你的卧室大？

7 Learn the simple characters.

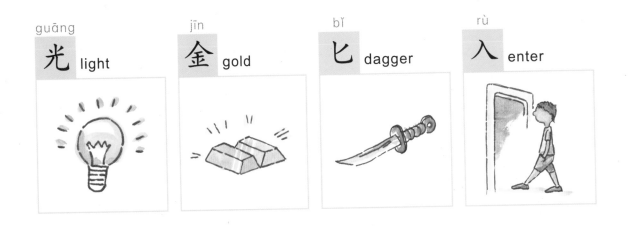

guāng 光 light

jīn 金 gold

bǐ 匕 dagger

rù 入 enter

nǐ jiā zhù shén me yàng de fáng zi
你家住什么样的房子？

wǒ jiā zhù yáng fáng
我家住洋房。

nǐ jiā yǒu huā yuán ma
你家有花园吗？

yǒu liǎng ge fáng qián yí ge
有两个，房前一个，
fáng hòu yí ge
房后一个。

nǐ jiā yǒu chē kù ma
你家有车库吗？

yǒu wǒ jiā de chē kù kě yǐ
有。我家的车库可以
tíng liǎng liàng chē
停两辆车。

NEW WORDS

1. yáng 洋 foreign
   yáng fáng 洋房 western-style house
2. yuán 园(園) garden
   huā yuán 花园 garden
3. qián 前 front
4. hòu 后(後) back
5. kù 库(庫) storage; warehouse
   chē kù 车库 garage
6. tíng 停 stop; (of cars) be parked
7. liàng 辆(輛) measure word

127

8 Say one sentence about each picture.

1

蔬菜在 餐桌上面 。

2

牛仔裤在_____。

3

汽车在_____。

4

厨房在_____。

5

水彩画儿在_____。

6

书房在_____。

9

花园在_____。

7

校车在_____。

8

杂志在_____。

9 Oral presentation.

Example

我家住洋房。我家的房子有两层。楼上有一间主人房，还有一个洗澡间。我的房间也在楼上。楼下有……我们家有一个前花园和一个车库。

Extra Words

a) 主人房
zhǔ rén fáng

b) 客房
kè fáng

c) 游泳池
yóu yǒng chí

It is your turn!

Draw a picture of your house and describe it.

10 Make a similar dialogue with your partner.

Example

A：我是黄东。我今晚可以去你家吗？

B：对不起，我今晚不在家。

A：我明天上午去，好吗？

B：不可以，我上午要去买东西。

A：下午可以吗？

B：不可以，我下午要去上钢琴课。

A：周末去，可以吗？

B：不可以，我们一家人去看电影。

A：下个周末，可以吗？

B：可以，你下个周末来吧，我在家等你。

11 Listen and tick the right boxes.

	卧室	浴室	洗手间	客厅	厨房	车库	大花园	小花园
楼上								
楼下								
房前								
房后								

12 Activity.

Example

浴室	热狗	米饭	黄瓜	西红柿
土豆	香蕉	书房	炒菜	菜花儿
白粥	卧室	西瓜	游泳	弹钢琴
苹果	炒面	网球	橘子	汉堡包
跑步	厨房	唱歌	跳舞	比萨饼

INSTRUCTIONS

1. The class is divided into small groups.
2. Each group is asked to group the words according to categories.
3. The group, categorising more words correctly than any other group, wins the activity.

CATEGORIES:

- 房子：卧室、厨房……
- 蔬菜：

13 Describe your daily routine.

Example

我每天早上六点半起床。我每天早上洗澡。

我每天早上七点一刻吃早饭。我八点……

14 Project.

INSTRUCTIONS

Design a house for a family of five at a holiday resort. Prepare a pamphlet to advertise it. The content of the pamphlet should include:

- the facilities in the house
- the price for one night
- the contact person, his telephone number and e-mail address
- the website of the house

Unit 5

Text 1

wǒ men jiā de kè tīng bú suàn dà。 kè
我们家的客厅不算大。客

tīng li yǒu yì zhāng sān rén shā fā   yí
厅里有一张三人沙发、一

ge chá jǐ   yí ge diàn shì guì hé yí
个茶几、一个电视柜和一

ge kōng tiáo lěng qì jī   wǒ men jiā
个空调(冷气机)。我们家

de chú fáng bú dà yě bù xiǎo   lǐ miàn
的厨房不大也不小，里面

yǒu bīng xiāng   xǐ yī jī   kǎo xiāng hé
有冰箱、洗衣机、烤箱和

diàn lú
电炉。

NEW WORDS

1. 张(張) zhāng surname; measure word
2. 沙发 shā fā sofa
3. 茶 chá tea
   茶几 chá jǐ tea table
4. 柜(櫃) guì cupboard
5. 空 kōng empty; air

6. 调(調) tiáo adjust
   空调 kōng tiáo air-conditioner
7. 机(機) jī machine; engine
   冷气机 lěng qì jī air-conditioner
   洗衣机 xǐ yī jī washing machine
8. 里面 lǐ miàn inside
9. 冰 bīng ice

10. 箱 xiāng box
    冰箱 bīng xiāng refrigerator
11. 烤 kǎo bake; roast
    烤箱 kǎo xiāng oven
12. 炉(爐) lú stove; furnace
    电炉 diàn lú electric stove

1 Match the picture with the answer.

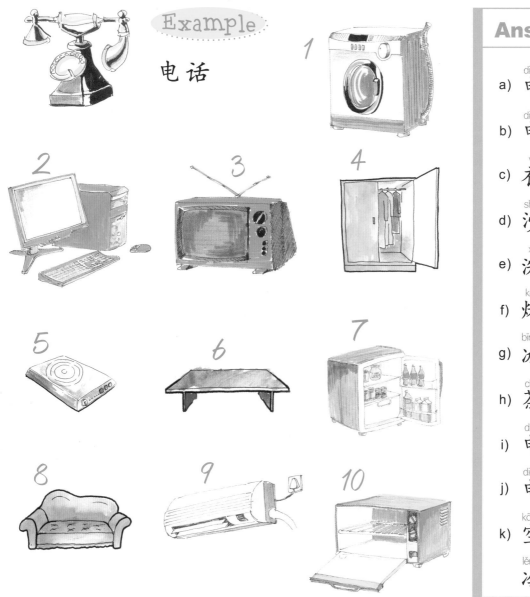

Example

电话

Answers

a) diàn huà 电话

b) diàn nǎo 电脑

c) yī guì 衣柜

d) shā fā 沙发

e) xǐ yī jī 洗衣机

f) kǎo xiāng 烤箱

g) bīng xiāng 冰箱

h) chá jī 茶几

i) diàn lú 电炉

j) diàn shì 电视

k) kōng tiáo 空调／lěng qì jī 冷气机

2 Listen and write down the pinyin with tonal marks.

1 _____ 2 _____ 3 _____

4 _____ 5 _____ 6 _____

Practice Focus

c   ch

3 Fill in the blanks with the measure words.

gè	kǒu	tóu	duǒ	wèi	tái	tiáo	jiā	jiān	liàng	zhāng	mén
个	口	头	朵	位	台	条	家	间	辆	张	门

1. 一 个 学生　　2. 五 ___ 人　　3. 三 ___ 花　　4. 一 ___ 电脑

5. 六 ___ 苹果　　6. 一 ___ 书店　　7. 一 ___ 汽车　　8. 一 ___ 沙发

9. 一 ___ 卧室　　10. 一 ___ 牛　　11. 一 ___ 老师　　12. 一 ___ 裙子

13. 十 ___ 课　　14. 一 ___ 热狗　　15. 一 ___ 空调　　16. 一 ___ 云

4 Translate from English to Chinese.

1. There is a three-seater sofa in the living room.

2. There are two cars in the garage.

3. There is an oven in the kitchen.

Practice Focus

有　在

4. There is a bed in my bedroom.

5. There is a study room upstairs.

6. There are many flowers in the garden.

7. There are some vegetables in the basket.

8. There is a washing machine in the bathroom.

9. There are a sofa, a tea table and a TV cupboard in the living room.

Say the following in Chinese.

Example

三人沙发

Extra Words

chuáng tóu guì
a) 床头柜

dān rén chuáng
b) 单人床

shuāng rén chuáng
c) 双人床

cān zhuō
d) 餐桌

cān yǐ
e) 餐椅

xié jià
f) 鞋架

shū jià
g) 书架

shū guì
h) 书柜

sān rén shā fā
i) 三人沙发

Activity.

Example

客厅	茶几	空调	冰箱
烤箱	电炉	洋房	花园
车库	卧室	浴室	餐厅
早饭	包子	洗衣机	

INSTRUCTIONS

1 The whole class may join the activity.

2 The teacher says a phrase in English, and the students are expected to say it in Chinese.

3 Those students, who cannot say the phrases in Chinese or say the wrong ones, are out of the activity.

7 Make a dialogue with your partner.

《 Sample questions:

1. 你家住什么样的房子？你家有花园吗？有几个？

2. 你家有车吗？你家有车库吗？车库里可以停几辆车？

3. 你们家有几间卧室？哪一间卧室最大？

4. 你有自己的房间吗？你的房间大吗？

5. 你们家的客厅大吗？客厅里有什么？

6. 你们家的厨房大吗？厨房里有什么？

8 Speaking practice.

百货公司

Example

A：请问，我要买衣柜，应该上几楼？

B：请上三楼。

It is your turn!

Design a department store and make similar dialogues with your partner.

9 Listen and tick the right boxes. 68

① 客厅里有……		② 厨房里有……	
A 沙发		F 冰箱	
B 电视		G 电话	
C 电视柜		H 电炉	
D 茶几		I 烤箱	
E 空调		J 洗衣机	

10 Activity.

Example

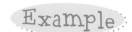

电话	手机	洗澡	走路
吃饭	客人	菜花	书店
西餐	白云	口语	校服

INSTRUCTIONS

1　The class is divided into small groups.

2　The teacher prepares a sheet with only characters on it. Each group is asked to write pinyin with correct tonal marks for each character.

3　The group writing more pinyin with correct tonal marks than any other group is the winner.

11 Learn the simple characters.

jǐng
井 well

wáng
亡 die

wū
乌 black; dark

sháo
勺 spoon

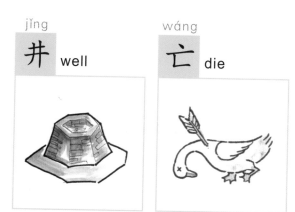

69

nǐ yǒu méi yǒu zì jǐ de
你有没有自己的
fáng jiān
房间？

yǒu
有。

nǐ de fáng jiān li yǒu shén me
你的房间里有什么？

yǒu yì zhāng chuáng yì zhāng shū
有一张床、一张书
zhuō yì bǎ yǐ zi yí ge
桌、一把椅子、一个
yī guì hé yí ge shū jià
衣柜和一个书架。

nǐ de fáng jiān li yǒu diàn nǎo ma
你的房间里有电脑吗？

yǒu zài wǒ de shū zhuō shang
有，在我的书桌上。

NEW WORDS

1. zhuō
   桌 table
   shū zhuō
   书桌 desk
2. bǎ
   把 measure word

3. yǐ
   椅 chair
   yǐ zi
   椅子 chair
4. yī guì
   衣柜 wardrobe

5. jià
   架 shelf; measure word
   shū jià
   书架 bookshelf

138

12 Make six sentences as the examples show.

Example

1. 沙发在茶几右边。

2. 书架上有很多书。

Practice Focus

在　有

13 Say the following in Chinese.

Example

一把椅子

14 Make five questions with each of the words in the box.

Example　你有没有自己的房间？

有没有　要不要
是不是　想不想
买不买　喜不喜欢

NOTE

There are two different ways to ask a question, e.g.

你有弟弟吗？
= 你有没有弟弟？

15 Oral presentation.

Example

我家的客厅不算大。客厅里有一张三人沙发、一个电视柜、一个茶几和一个空调。餐厅里有一张餐桌和六把餐椅。我家的厨房很大，厨房里有冰箱、电炉、烤箱和洗衣机。我的房间里有床、书桌、衣柜、书架、椅子……

It is your turn!

Draw your house and the things in it.
Describe it to the class.

16 Listen and tick the right answers.

1 他和弟弟_____。
- ⓐ 都有自己的房间
- ⓑ 住一个房间

2 他们的房间里有_____。
- ⓐ 两张单人床
- ⓑ 一张上下床

3 他跟弟弟_____。
- ⓐ 都有自己的桌、椅
- ⓑ 两个人用一张桌子

4 他跟弟弟_____。
- ⓐ 都有自己的衣柜
- ⓑ 每个人有两个大衣柜

5 他们有_____。
- ⓐ 一个大书架
- ⓑ 两个小书架

6 _____电脑。
- ⓐ 他们每个人都有
- ⓑ 弟弟没有

17 Make a dialogue with your partner.

《 Sample questions:

1. 你家住什么样的房子？你家有花园吗？花园大吗？

2. 你家的房子有几层？你的房间在楼上还是楼下？

3. 你家一共有几间卧室？有几个浴室(洗澡间)？

4. 你家的客厅大吗？客厅里有什么？

5. 你家的厨房大吗？厨房里有什么？

6. 你家有车吗？你家的车停在哪儿？

7. 你的房间大吗？你的房间里有什么？

Text 1　🔘71

wǒ jiā fù jìn yǒu fàn diàn　wén jù diàn　jiā jù diàn
我家附近有饭店、文具店、家具店、

huā diàn děng　chāo shì lí wǒ jiā yě bù yuǎn zǒu lù
花店等。超市离我家也不远,走路

wǔ fēn zhōng jiù dào le　　wǒ jiā
五分钟就到了。我家

lí xué xiào yě tǐng jìn de
离学校也挺近的。

wǒ měi tiān zǒu lù
我每天走路

shàng xué
上学。

NEW WORDS

1. 附 fù be near
2. 近 jìn near
   附近 fù jìn nearby
3. 具 jù tool
   文具 wén jù stationery
   文具店 wén jù diàn stationery shop
4. 家具 jiā jù furniture
   家具店 jiā jù diàn furniture shop
5. 花店 huā diàn flower shop
6. 超 chāo super-
7. 市 shì market; city
   超市 chāo shì supermarket
8. 离(離) lí distance away from
9. 远(遠) yuǎn far
*10. 就 jiù no sooner...than; as soon as
11. 挺 tǐng rather; quite

1 Match the picture with the answer.

1 ··· [a]

2 ··· [ ]

3 ··· [ ]

4 ··· [ ]

5 ··· [ ]

6 ··· [ ]

7 ··· [ ]

8 ··· [ ]

9 ··· [ ]

10 ··· [ ]

11 ··· [ ]

Answers

a) 文具店 wén jù diàn
b) 家具店 jiā jù diàn
c) 花店 huā diàn
d) 超市 chāo shì
e) 饭店 fàn diàn
f) 水果店 shuǐ guǒ diàn
g) 理发店 lǐ fà diàn
h) 学校 xué xiào
i) 菜市场 cài shì chǎng
j) 书店 shū diàn
k) 快餐店 kuài cān diàn

2 Complete the sentences with the words given in the brackets.

1. 我家 ~~离学校不太远。~~ （学校　不太远）

2. 公园 _____ （我家　挺远的）

3. 家具店 _____ （书店　挺近的）

4. 超市 _____ （文具店　很近）

5. 香港 _____ （英国　挺远的）

6. 中国 _____ （日本　不太远）

7. 美国 _____ （法国　挺远的）

3 Activity.

① 井	② 亡	③ 鸟	④ 勺	⑤ 光	⑥ 金
⑦ 匕	⑧ 入	⑨ 尸	⑩ 户	⑪ 革	⑫ 丁
⑬ 食	⑭ 果	⑮ 欠	⑯ 石	⑰ 虫	⑱ 贝
⑲ 刀	⑳ 叉	㉑ 平	㉒ 土	㉓ 角	㉔ 页
㉕ 包	㉖ 止	㉗ 弓	㉘ 士	㉙ 豆	㉚ 寸
㉛ 立	㉜ 青	㉝ 矢	㉞ 皿	㉟ 力	㊱ 斗

INSTRUCTIONS

1. The class is divided into small groups.

2. Each group is asked to memorize the simple characters listed on the left. Then the teacher gives a dictation on those characters.

3. The group writing more correct characters than any other group wins the activity.

4 Make a dialogue with your partner.

《 Sample questions:

1. 你家附近有什么商店？

2. 你家附近有饭店吗？你经常去那里吃饭吗？

3. 你们家一般去哪儿买蔬菜和水果？

4. 你家附近有公园吗？公园大吗？

5. 你家附近有超市吗？你常去那儿买什么？

6. 你家离学校远吗？你每天怎么上学？

7. 你家住什么样的房子？你家一共有几间卧室？

8. 你有自己的房间吗？你的房间大吗？你的房间里有什么？你喜欢不喜欢你自己的房间？

5 Translate from Chinese to English.

1. 超市离我家不远，走路十分钟就到了。

2. 花店就在我家楼下。

> **NOTE**
>
> 就 means "no sooner... than; as soon as", e.g.
>
> 走路五分钟就到了。

3. 书店就在文具店的左边。

4. 水果店离饭店挺近的，走两分钟就到了。

5. 快餐店就在学校的外面。

6. 家具店离洗衣店不太远，走路两三分钟就到了。

It is your turn!

Make three sentences with "就".

6 Oral presentation.

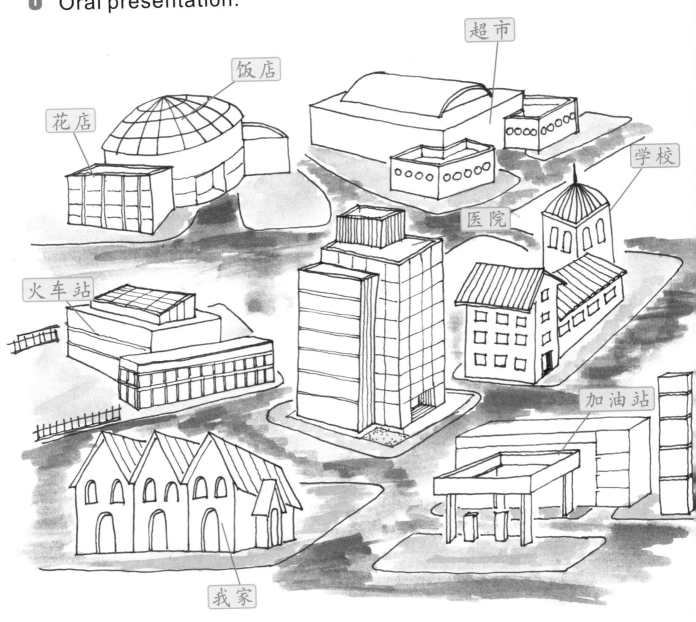

饭店

超市

花店

学校

医院

火车站

加油站

我家

Example

我家附近有饭店、花店、超市等等。
火车站就在我家对面。我们学校离我
家不远，走路三分钟就到了。

• • • • • •

It is your turn!

Draw a map of your neighbourhood
and describe it to your class.

7 Listen and write down the pinyin with tonal marks.

⁭

1	2	3
4	5	6

Practice Focus

s   sh

8 Listen and tick the right answers.

1

A 家具店＿＿＿。ⓐ离她家很远 ⓑ离她家不近 ⓒ在她家附近

B 家具店里不卖＿＿＿。ⓐ桌子 ⓑ衣柜 ⓒ洗衣机

2

A 她家附近有＿＿＿。ⓐ上海饭店 ⓑ北京饭店 ⓒ上海花店

B 饭店里的＿＿＿做得很好吃。ⓐ炒面 ⓑ炒饭 ⓒ米饭

3

A 他家附近有＿＿＿。ⓐ公园 ⓑ花园 ⓒ学校

B 他喜欢＿＿＿。ⓐ跑步 ⓑ打篮球 ⓒ打网球

9 Learn the simple characters.

fǎn
反 reverse

xuè
血 blood

xí
习 study

shān
山 mountain

147

nǐ men jiā fù jìn yǒu diàn yǐng yuàn ma
你们家附近有电影院吗?

méi yǒu
没有。

cóng nǐ men jiā zěn me qù diàn yǐng yuàn
从你们家怎么去电影院?

wǒ xiān zuò chuán rán hòu zài zuò wǔ lù gōng gòng qì chē
我先坐船，然后再坐五路公共汽车。

yào zuò duō cháng shí jiān
要坐多长时间?

dà yuē èr shí fēn zhōng
大约二十分钟。

nǐ jiā lí huǒ chē zhàn yuǎn ma
你家离火车站远吗?

bù yuǎn   jiù zài
不远，就在
mǎ lù duì miàn
马路对面。

nǐ jiā lí fēi jī chǎng yuǎn ma
你家离(飞)机场远吗?

tǐng yuǎn de   yào
挺远的，要
zuò huǒ chē qù
坐火车去。

NEW WORDS

1. 院 yuàn courtyard
   电影院 diàn yǐng yuàn cinema
2. 船 chuán boat; ship
3. 然 rán right
   然后 rán hòu then
   先…, 然后… xiān… rán hòu… first…, then…

*4. 路 lù route
5. 时间 shí jiān time
6. 约(約) yuē about
   大约 dà yuē about
7. 站 zhàn station; stop
   火车站 huǒ chē zhàn train station

8. 马路 mǎ lù road; street
*9. 面 miàn site
10. 对面 duì miàn opposite
11. 飞(飛) fēi fly
    飞机 fēi jī plane
    (飞)机场 fēi jī chǎng airport

10 Match the picture with the answer.

1

理发店

2

3

4

5

6

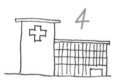

7

8

9

10

11

12

Answers

a) 理发店 lǐ fà diàn

b) 医院 yī yuàn

c) 公园 gōng yuán

d) 地铁站 dì tiě zhàn

e) (飞)机场 fēi jī chǎng

f) 电影院 diàn yǐng yuàn

g) 水果店 shuǐ guǒ diàn

h) 超市 chāo shì

i) 菜市场 cài shì chǎng

j) 饭店 fàn diàn

k) 书店 shū diàn

l) 文具店 wén jù diàn

11 Say one sentence about each picture.

我……

Example

我先走路，然
后坐校车上学。

NOTE

先……，然后…… means
"first…,then…", e.g.

哥哥先坐火车，然后坐
公共汽车上学。

爸爸……

妈妈……

哥哥……

姐姐……

妹妹……

弟弟……

150

12 Role play.

Example

A：从这儿怎么去电影院？

B：你要坐公共汽车，要坐两站。

A：从这儿怎么去上海饭店？

B：上海饭店离这儿不远，走路五分钟就到了。

It is your turn!

You are working at the information desk. Give directions to people who would like to go to five places.

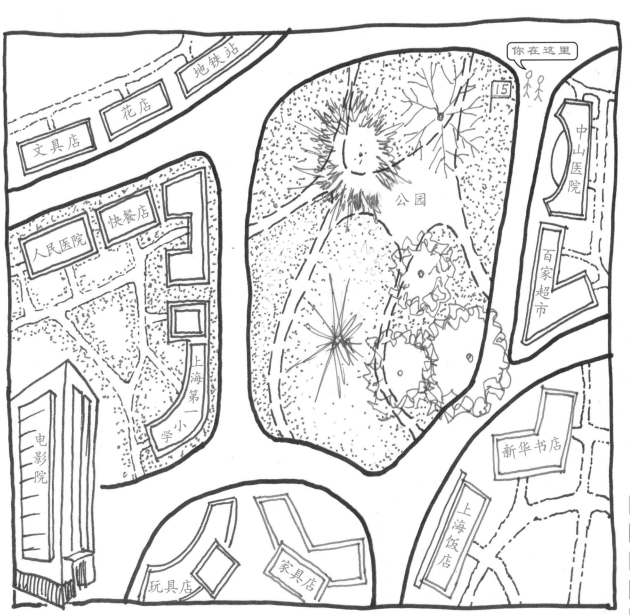

13 Complete the questions.

1. 你每天做多长时间作业?

2. 你每天跑 _____?

3. 你打了 _____?

4. 你看了 _____?

5. 你每天坐 _____?

6. 你每天弹 _____?

7. 你听了 _____?

8. 你们家在 _____?

14 Describe the picture.

Example

地铁站在菜市场右面。……

Extra Words

a) qián miàn 前面

b) hòu miàn 后面

c) zuǒ miàn 左面

d) yòu miàn 右面

e) duì miàn 对面

15 Listen and tick the right answers.

———————— *1* ————————

A	学校离他家＿＿＿。	a) 不近　b) 不远　c) 很远
B	他每天坐＿＿＿上学。	a) 校车　b) 电车　c) 出租车
C	他坐＿＿＿的车。	a) 五天　b) 一个小时　c) 半个小时左右

———————— *2* ————————

A	他家附近没有＿＿＿。	a) 公园　b) 超市　c) 饭店
B	他妈妈＿＿＿去超市。	a) 开车　b) 坐出租车　c) 坐电车
C	去超市开车要＿＿＿。	a) 半个小时　b) 一刻钟　c) 三十分钟

16 Project.

《 Sample sentences:

1. 你应该去光明电影院看电影。你可以坐10路公共汽车去。你要坐五站。

2. 你应该去中山公园看看。公园离这儿不远。你可以走路去，五分钟就到了。

3. 你应该去音乐书店看看。书店离这儿不太远，你可以坐地铁去。地铁站就在马路对面。

> ### INSTRUCTIONS
>
> Draw a map of your dream city. Suppose a friend of yours will visit your dream city. Give advice as where he/she should go and visit. Make a dialogue with your friend.

Listening Scripts 听力录音稿

Unit 1 Lesson 1

P3 2

1) fǔdǎo   2) wǔdǎo   3) chūcāo
4) shǒuzhǐ   5) féndì   6) shǒugǎo

P4 3

我家有三口人，爸爸、妈妈和我。
爸爸是英国人，妈妈是中国人。爸
爸去过法国和中国。妈妈去过美国
和日本。我和爸爸、妈妈去过英国
和西班牙。

P7 5

1) A: 你是哪国人?
　　B: 我是日本人。
2) A: 你在哪儿出生?
　　B: 我在英国出生。
3) A: 你去过什么国家?
　　B: 我去过美国和法国。
4) A: 你去过北京吗?
　　B: 没去过。我去过香港。
5) A: 你会说日语吗?
　　B: 会说。我在家跟爸爸、妈妈说
　　　 日语。
6) A: 你在学校学什么语言?
　　B: 我学英语、法语和汉语。

Unit 1 Lesson 2

P12 7

1) yǎnjing   2) xiězì   3) qúnzi
4) lǎoshī   5) hétao   6) jiàzhuang

P14 8

1) 高文英一半是西班牙人，一半是
中国人。她会说英语、西班牙语
和汉语。
2) 黄红有很多朋友。他们有的是英
国人，有的是美国人，有的是日
本人。
3) 王蓝今年上十年级。他喜欢上数
学课、体育课和电脑课。
4) 小白去过英国、法国和美国，没
去过日本和中国。
5) 王美的爸爸开车上班，妈妈走路
上班，哥哥坐电车上班。
6) 大年在英文学校上学。他在学校
学英语、法语和西班牙语。

P19 10

1) A: 你喜欢上什么课?
　　B: 我喜欢上戏剧课、科学课和地理
　　　 课。
2) A: 你今年学音乐吗?
　　B: 我去年学了，今年不学。
3) A: 你会说什么语言?
　　B: 我会说英语和一点儿法语。
4) A: 你喜欢蓝色吗?
　　B: 喜欢。我也喜欢红色。
5) A: 你每天穿校服上学吗?
　　B: 穿。我们穿衬衫和长裤。
6) A: 你在家里说广东话吗?
　　B: 我跟妈妈说广东话，跟爸爸说西
　　　 班牙语。

154

Unit 1　Lesson 3

P22　🔘12

1）shétou　　2）háizi　　3）pútao
4）hánhu　　5）nuǎnhuo　　6）bièniu

P24　🔘13

1）A：请问，小文在家吗？
　　B：在。请等一等，我去叫他。
2）A：请问，你是哪一位？
　　B：我是大明，是小文的朋友。
3）A：小红，你爸爸在吗？
　　B：不在，他去北京了。
4）A：冬冬，你知道妈妈的手机号码吗？
　　B：知道，9265 3458。
5）A：京京，你的表几点了？
　　B：我没有表。
6）A：大生，我们明天有历史课吗？
　　B：没有。星期五有。

P28　🔘15

1）A：请问，大生在家吗？
　　B：你打错电话了。
2）A：请问，小文几点回家？
　　B：不知道。她说今天晚上七点回家。
3）A：请问，大年下午几点放学？
　　B：四点半。
4）A：我等一会儿再打来，好吗？
　　B：好，你五点半再打来。
5）A：对不起，京京睡觉了。
　　B：没关系，我明天再打来。
6）A：请问，这是王星的家吗？
　　B：是。请等一等，我去叫他。

Unit 2　Lesson 4

P32　🔘17

1）jiǔhuì　　2）zhǐhuī　　3）táozuì
4）huíjiā　　5）xiūhuì　　6）jītuǐ

P33　🔘18

1）北京今天是晴天，气温五到十八度。
2）纽约今天有雨，气温二十到二十五度。
3）香港今天有台风，气温二十八到三十二度。
4）上海今天多云，气温十到十五度。
5）巴黎今天晴，气温十五度左右。
6）伦敦今天有雨，气温四到十度。

P38　🔘20

1）伦敦今天有小雨，气温十度左右。明天晴。
2）北京今天有中到大雨，气温二十五到三十度。明天阴。
3）上海今天刮大风，气温二十五到三十度。明天有雨。
4）香港今天多云，气温二十五度左右。明天晴。
5）纽约今天下大雪，气温在零下十度左右。明天晴。
6）巴黎今天是阴天，气温二十六度到三十度。明天有雨。

Unit 2　Lesson 5

P42　🔘22

1）jiǔliú　　2）xiùqiú　　3）jiǔguì
4）qìshuǐ　　5）liúshuǐ　　6）qiúduì

1) A:上海夏天天气怎么样?
   B:很热,有时候下雨,气温常常在三十度以上。

2) A:北京的春天天气怎么样?
   B:有时候很冷,常常刮风,气温十五到二十五度。

3) A:南京的夏天天气怎么样?
   B:很热,气温常常在三十度以上,常常是晴天。

4) A:香港的秋天天气怎么样?
   B:常常是晴天,气温十五到二十五度。

5) A:纽约的春天天气怎么样?
   B:常常是晴天,有时候有雨,气温十到二十度。

6) A:伦敦春天天气怎么样?
   B:常常下雨,有时候也下雪,气温十度到二十度。

1) dòujiǎor   2) gòuzào   3) gāoshǒu
4) jiàoshòu   5) xiāoshòu   6) zòuxiào

1) A:请问,大生在家吗?
   B:对不起,他不在。他妈妈带他去看医生了。

2) A:小红在哪儿?
   B:她今天没有上学,她发烧了。

3) A:请问,王医生在吗?
   B:对不起,今天星期一,他不上班。

4) 白老师今天生病了,我们今天不上数学课了。

5) 北京的冬天很冷,弟弟常常咳嗽。

6) 今天香港有台风,我没有去上学。

1) 上海的秋天天气最好,不冷不热,常常是晴天。

2) 香港的冬天不冷,最低气温十度左右。

3) 南京的春天常常是晴天,气温十到二十五度。

4) 北京的夏天很热,不常下雨,最高气温在三十八度以上。

5) 伦敦的冬天很冷,有时候有大风雪,最低气温零度左右。

6) 东京春天不常下雨,气温在二十度左右。

1) 大生昨天生病了。他发烧了,三十九度八。昨天他没有上学。

2) 王星去看医生了。他今天不舒服。他头痛、咳嗽。他今天不去上学。

3) 昨天很冷,东东没有穿外套,今天嗓子疼。他今天在家休息。

4) 大年昨天晚上发烧了,三十八度五。今天早上爸爸带他去看医生了。他今天没有上学。

5) 小明今天感冒了。他头痛,嗓子也疼,不发烧。妈妈要带他去看医生。

6) 美文今天早上头痛,没有吃早饭。她下午要去看医生。

Unit 3 Lesson 7

P63

1) shǒutào   2) tōudào   3) bàodào
4) shōuxiào 5) zǒuqiào 6) dǒuqiào

P64

1) A:你哪儿不舒服?
   B:我嗓子疼、咳嗽。我昨天晚上发烧了。
2) A:昨天晚上下雪了,今天很冷。你要穿毛衣、外套上学。
   B:我不想穿毛衣,我不冷。
3) A:你喜欢听音乐吗?
   B:喜欢。我喜欢一边听音乐,一边读书。
4) A:今天北京多少度?
   B:二到八度,很冷。你去北京要穿毛衣和外套。
5) A:你每天读书吗?
   B:我每天读半个小时的书。
6) A:你家里谁会弹钢琴?
   B:我妈妈会,她是音乐老师。

P67 35

1) A:美文,你有什么爱好?
   B:我喜欢音乐。我喜欢弹钢琴,也喜欢唱歌。
2) 我叫东东,我喜欢画画儿。我喜欢画油画儿。我正在学水彩画儿。
3) A:王星,你会画中国画儿吗?
   B:会画。我爸爸是我的国画儿老师。我每个星期天画国画儿。
4) 我叫田雪,我是美国人。我会说英语和汉语。我喜欢看书,也喜欢看杂志。

5) A:请问,大年在家吗?
   B:他不在,他去上油画儿课了。你五点再打来,好吗?
6) 我叫天明,我住在北京。我最喜欢听音乐。

Unit 3 Lesson 8

P72 37

1) hòuguǒ   2) lòudǒu   3) duōguó
4) duōsuo   5) róuruò   6) shòuruò

P72 38

1) 美美,不要唱歌了,我想看一会儿书。
2) 东东,今天星期二,你下午五点有油画儿课。
3) 小明喜欢听音乐,也喜欢跑步。他喜欢一边跑步一边听音乐。
4) 对不起,京京不在,她去上钢琴课了。
5) 大生喜欢游泳。夏天,他每天游一个小时泳。
6) 小天,今天天气好,你想跟我一起去打网球吗?

P78

1) A:美文,周末你想去看电影吗?
   B:好,我跟你一起去。
2) A:冬冬,你现在在看电视吗?
   B:没有,我在看书。
3) A:小天,今天天气好,你想去打网球吗?
   B:好,我们下午四点去吧。

4) A:小明，你喜欢游泳吗？
   B:喜欢。夏天我差不多每天都去游一个小时。
5) A:妈妈，我今天不太舒服，不想去上钢琴课。
   B:好吧，大生，但是你明天要去。
6) A:大年，你喜欢看什么电视节目？
   B:体育节目、音乐节目，我都喜欢看。

B:您自己去吧，我要睡觉。
4) A:美美，你在干什么呢？
   B:我在看书呢。我们什么时候走？
5) A:京京，我们什么时候去跳舞？
   B:三点半，好吗？
6) A:小天，你星期天下午想不想去打网球？
   B:想，我们四点半在球场见吧。

Unit 3 Lesson 9

P83 42

1) tòulòu   2) zuòzuo   3) zuòshòu
4) sōusuǒ   5) shōuhuò   6) shōusuō

P83 43

1) 冬冬昨天看了一个电影，是美国电影。
2) 小文，你今天想去打篮球吗？我等一会儿再打来。
3) 大生从六岁半开始学弹钢琴。他不太喜欢弹。
4) 王星夏天差不多每天都去游泳，冬天也常去。
5) 小明每天晚上都看电视。他最喜欢看体育节目。
6) 小天从四岁开始学跳舞。她妈妈是她的老师。

P87 45

1) A:大生，你什么时候做作业？
   B:我正在做呢。
2) A:小明，你想去打篮球吗？
   B:想去，可是我五点有游泳课。
3) A:王星，我们明天早上一起去跑步吧。

Unit 4 Lesson 10

P92 47

1) A:美文，你每天吃蔬菜吗？
   B:我不太喜欢吃蔬菜，可是我妈妈说我应该每天吃。
2) A:小明，你每天弹钢琴吗？
   B:不是每天都弹，我的钢琴老师说我应该每天都弹。
3) A:大生，你每天读书吗？
   B:我不是每天都读，我的英文老师说我应该每天读。
4) A:京京，你喜欢吃什么蔬菜？
   B:我最喜欢吃生菜，我差不多每天都吃。
5) A:冬冬，你喜欢听音乐吗？
   B:非常喜欢听，可是妈妈说我不应该一边听音乐一边做作业。
6) A:妈妈，我的老师说您不应该一边开车一边打电话。
   B:好，我不打了。

P93 48

1) jiějué   2) xièjué   3) quèqiè
4) jiélüè   5) juéliè   6) jiéyuē

1) 大生去过七八个国家，可是他最喜欢英国。
2) 这三四天都在下雨，小明没有去游泳。
3) 美美生病了。她在家休息了两三天，明天会去上学。
4) 冬冬一家人每天都吃四五种蔬菜、水果。
5) 王星每个周末画两三个小时画儿。
6) 小英每天看一两个小时的电视。

Unit 4　Lesson 11

P102

1) jièyuè　　2) quèyuè　　3) xièjué
4) quēlüè　　5) quèqiè　　6) jiéyuē

P104

1) A:你们家经常吃中餐还是西餐？
   B:有时候吃中餐，有时候吃西餐。
2) A:你喜欢吃黄瓜还是西红柿？
   B:都不喜欢吃。
3) A:你喜欢吃西瓜还是梨？
   B:我非常喜欢吃西瓜，不太喜欢吃梨。
4) A:你想去打篮球还是打网球？
   B:篮球吧，我不太会打网球。
5) A:你喜欢春天还是夏天？
   B:我喜欢夏天，我最爱游泳。
6) A:你喜欢油画儿还是水彩画儿？
   B:都喜欢，可是我不会画画儿。

P108

1) A:我们下午干什么？
   B:我们可以打网球或者去跑步。

2) A:我们明天中午吃什么？
   B:我们可以吃汉堡包或者比萨饼。
3) A:你每天怎么上学？
   B:我坐电车或者走路。
4) A:你明年想学什么语言？
   B:法语或者西班牙语。
5) A:你晚饭想吃什么？
   B:炒面或者炒饭。
6) A:你想喝什么饮料？
   B:可乐或者汽水都可以。

Unit 4　Lesson 12

P111

1) jūnxùn　　2) húntun　　3) lúndūn
4) qúnlùn　　5) chūnyùn　　6) shùnxùn

P114

1) 我今年学十门课，我学数学、地理、历史等。
2) 今天是晴天。气温在零下五度左右。
3) 我今天生病了，我下午去看医生了。
4) 除了油画儿以外，我还喜欢画国画儿。
5) 我喜欢吃中餐。我喜欢吃炒面、包子、面条等。
6) 对不起，小文不在家，她一会儿回来。

P119

1) A:苹果多少钱一斤？
   B:五块五一斤。
2) A:今天的比萨饼非常好吃。
   B:我喜欢吃汉堡包。

159

3) A:橘子怎么卖?
　　B:十块钱四个，二十块十个。

4) A:你上个周末去看电影了吗?
　　B:去了，可是电影不好看。

5) A:我差不多每天游泳。你喜欢运动吗?
　　B:喜欢。我喜欢跑步。

6) A:你妈妈今天做的包子特别好吃。我大概吃了六七个。
　　B:我也吃了四五个。

Unit 5 Lesson 13

1) zuǐba
2) zhīdao
3) huòzhě
4) zìjǐ
5) zhōumò
6) zázhì

1) A:这套房子有几间卧室?
　　B:一共有三间，你可以用一间做书房。
　　A:有几个浴室?
　　B:除了两个浴室,还有一个洗手间。
　　A:客厅大不大?
　　B:不算大，可是也不小。

2) A:这套房子有几间卧室?
　　B:有四间。
　　A:有几个浴室?
　　B:有两个浴室、两个洗手间。
　　A:客厅大不大?
　　B:客厅特别大。

我们家住洋房。我们一共有四间卧室，楼上有三间，楼下还有一间。楼上除了卧室，还有两个浴室。

楼下有客厅、厨房、洗手间和一个浴室。厨房特别大，可以在里边吃饭。房子前面和后面都有花园。房前的花园小，房后的花园大。我们家还有一个车库。

Unit 5 Lesson 14

1) cǎisè
2) cāntīng
3) chànggē
4) chǎomiàn
5) chīfàn
6) chūntiān

1) 这套房子的客厅非常大。客厅里有沙发、茶几和电视柜。我们家的电视特别大，有49英寸。客厅里有一个空调。

2) 我家的厨房也很大，里边有洗衣机、冰箱和电炉，可是我们没有烤箱。我想要一个烤箱，可以烤比萨饼。

A:你有没有自己的房间?
B:没有，我跟弟弟住一个房间。
A:你们的房间里有什么?
B:有一张上下床，我睡上床，弟弟睡下床;还有两张书桌、两把椅子、两个衣柜和一个大书架。我们每个人都有很多书。
A:你们有电脑吗?
B:有，我有电脑。弟弟还小，他还不用电脑。

Unit 5　Lesson 15

P147 🎵 *72*

1) shāngrén　　2) shūcài　　3) shuǐguǒ
4) sànbù　　　5) sījī　　　6) shūfu

P147 🎵 *73*

1) 我家附近有一个家具店，里边卖床、
桌子、椅子、衣柜、书架、沙发等等。

2) 我家附近有一家上海饭店。他们的
炒饭、包子、粥做得特别好吃。我
们常去那儿吃晚饭。

3) 我们家附近有一个公园。我常常去
那儿打篮球。妈妈常常去那儿跑步。

P153 🎵 *75*

1) A：你家离学校远吗？
B：挺远的，走路要很长时间。
A：你每天怎么上学？
B：我坐校车。
A：你坐多长时间？
B：半个小时左右。

2) A：你家附近有超市吗？
B：没有。
A：你怎么去超市？
B：我妈妈开车去。
A：要开多长时间？
B：大约十五分钟。